OBAMA
Segunda Opinión

Bernardo Vargas G.

© 2012
Bernardo Vargas G.
Tel.: 256 1915
OBAMA Segunda Opción

ISBN: 978-958-46-1171-0

Diseño, diagramación e impresión:
Editorial Kimpres Ltda.
PBX: 413 6884
www.kimpres.com.co
Bogotá, D.C., Colombia
Septiembre 2012

Contenido

Prólogo

Mi llegada a Estados Unidos

Ingresé a Estados Unidos por primera vez, para obtener un grado de Máster en Administración Pública y Desarrollo Económico y Social en la Universidad de Pittsburgh.

Era obligatorio tener el cupo en la Universidad, antes de solicitar la visa. Para obtenerla, el estudiante debía presentar certificado judicial nacional de buenos antecedentes policivos; declaración bajo juramento ante funcionario competente, certificando que el peticionario no sería una carga para el gobierno americano, como lo ordena la Ley de Inmigración; examen médico general ante profesionales registrados en la embajada; examen específico para probar que no sufría de SIDA y vacunas contra todas las enfermedades.

Las universidades solamente admitían estudiantes extranjeros que hubieran entrado al país con pasaporte y visa.

Las licencias de conducir se expedían a residentes permanentes, que exhibieran la tarjeta del Seguro Social, acompañada del pasaporte.

En la Universidad conocí a mi esposa, natural del área Amish del Condado Lancaster, Pensilvania, con quien procreamos tres hijos. Algunas esposas en Estados Unidos acostumbran defender principios políticos contrarios a los de sus esposos cuando están en campaña política. En Latinoamérica, las esposas, generalmente, se solidarizan con la orientación política del esposo para mantener la integración del hogar.

En la Universidad Javeriana, dirigida por los jesuitas, donde obtuve el grado de abogado, en Bogotá, Colombia, en donde nací, aprendí la metodología aristotélica, socrática y tomista, que lavaba mi cerebro diariamente, sistema deductivo para analizar y tomar decisiones, basado en tres premisas y una conclusión, orientación que me ha acompañado durante toda mi vida.

Como es lógico, el sistema jesuítico inquisitivo del padre Gabriel Giraldo, el Decano, me convirtió en un analista nato, permanentemente.

Desde la época de estudiante he estado relacionado con la vida pública de Estados Unidos y ningún hecho me había impresionado tanto hasta cuando el presidente Barack Obama, en el 2009, entró a controlar el poder público estadounidense.

Desde cuando tomó posesión de su cargo, cambió su personalidad y de ser un líder humilde y unionista, que les había ofrecido a los americanos en su campaña del 2008, pasó a presentarse como un presidente arrogante y divisionista.

El presidente Obama utiliza el doble juego en sus decisiones políticas y administrativas. Siempre lanza los dados con dos alternativas: si gana, explota emotivamente el resultado, pero si pierde, responsabiliza del fracaso a una tercera persona o institución. La prensa americana amiga del presidente llama a este sistema "flip flop" o cambio de opinión. El Presidente lo autodenomina "pragmatismo". Sus funcionarios dicen que es un play it save, juego seguro. Y Sara Palin lo llama mitomanía.

En este libro hemos compilado y comentado una serie de columnas y notas de prensa a través de las cuales destacados periodistas y periódicos, como el Washington Post y el New York Times, han analizado la personalidad del presidente

Obama, desde su campaña del 2008 hasta la del 2012. Más del 70 % de sus críticos son demócratas.

Para mí, la integración de esas criticas por temas o tópicos solamente constituía una diversión intelectual, de análisis político, y nunca he tenido la intención de ofender al jefe del Estado, quien por su rango presidencial merece el respeto de todos los ciudadanos. Solamente transcribo y comento lo que terceras personalidades piensan del presidente Obama.

Por otra parte, no tengo ninguna razón para abrigar prejuicios raciales contra nadie.

Cuando estudiaba en la Universidad de Pittsburgh, en varias ocasiones compartí mi apartamento con excelentes amigos afroamericanos y, por algún tiempo, mi mejor compañero fue un estudiante congolés, de apellido Mobutu.

Desprevenidamente, invitó a los lectores a adentrarse en las páginas de esta "Segunda Opinión", cuando Estados Unidos está a pocas semanas de elegir Presidente.

Barack Obama
y Mitt Romney
candidatos presidenciales

Candidatos presidenciales
para el período 2013-2016 en Estados Unidos

Está finalizando una batalla campal para elegir presidente de los Estados Unidos para el periodo que se inicia en Enero del 2013.

Las elecciones primarias son parte del sistema democrático americano, mediante el cual varias personas por cada partido presentan sus candidaturas y quien obtenga la mayoría de delegados en la Convención Nacional es el representante oficial de esa colectividad a la Presidencia.

El Presidente de la República es elegido por cuatro años y puede ser reelegido por otros cuatro, en forma consecutiva. Cuando aspira a una reelección, rara vez tiene competidores de su propio partido. En las actuales elecciones, el presidente Barak Obama es el único candidato por el Partido Demócrata.

Por parte del Partido Republicano, seis aspirantes presentaron sus candidaturas a la Presidencia, decididos a sacar al presidente Obama del cargo más importante que hay en el mundo.

Los candidatos Mitt Romney, Rich Santorum, John Gingrich, Ron Paul, Herman Cain y la congresista Michelle Backman comenzaron en igualdad de condiciones. El aspirante Cain era el más peligroso competidor del presidente Obama, debido a que es afroamericano, industrial y empresario, siendo su nivel de educación superior al del Presidente en todas las aéreas del conocimiento. Como se trataba de un enemigo peligroso, Herman Cain fue desprestigiado por los obamistas a base de calumnias hasta que lo sacaron del cuadrilátero electoral.

Mitt Romney, candidato republicano

De los seis aspirantes, solamente el candidato Mitt Romney tiene los votos suficientes para obtener la nominación del Partido Republicano a la Presidencia en la Convención Nacional, programada para el mes de Agosto en Tampa (Florida).

Principios económicos y morales

La empresa privada -y no el Estado o el Gobierno-, es la infraestructura que sirve para desarrollar un país, social y económicamente, es la teoría económica más importante de los republicanos. Argumentan que los impuestos excesivos a las empresas desestimulan la inversión. Defienden el libre comercio internacional, sistema de competencia de oferta y demanda, que baja el precio de los productos al consumidor, mientras que el sistema proteccionista sube el costo de la canasta familiar. Son enemigos de la intervención de Estados Unidos en la política de otros países, mientras no haya un peligro inminente. El presidente Obama, por el contrario, aplica las teorías opuestas.

En el área moral, los republicanos defienden la libertad de expresión, de culto, de prensa y de asociación. Para el Partido Republicano, el matrimonio entre una mujer y un hombre es la institución tradicional, biológica, creada por la naturaleza y por el poder sobrenatural del Ser Supremo, base de la organización social de un país. Todas las religiones del universo defienden este principio. El candidato Obama rechaza este hecho real y durante su gobierno ha auspiciado el matrimonio entre personas del mismo sexo.

Las elecciones para escoger el candidato oficial a la Presidencia han demostrado que los americanos son más civilizados políticamente que los europeos. El electorado vota básicamente por programas económicos y por plataformas sociales.

Las elecciones primarias internas de cada partido se desenvuelven con ataques políticos y criticas personales, agravios que se perdonan y se olvidan en las convenciones, donde respaldan oficialmente el candidato ganador. esto lo llaman democracia.

Barack Obama, por la reelección

La batalla electoral entre el presidente Obama y el candidato Romney se reduce oficialmente a tres meses, Agosto, Septiembre y Octubre, periodo en el que se realizan los debates personales, cara a cara, con auditorio nacional e internacional. Las elecciones son el primer Martes del mes de Noviembre del 2012.

El presidente Obama tuvo muchas ventajas y privilegios en la campaña del 2008 por haber sido el primer afroamericano que aspiraba a la Presidencia.

El mismo candidato contrario, el republicano McCain, prohibió a sus líderes usar la palabra Hussein, segundo nombre del presidente Obama, igual al del dictador de Irak, referirse a su filiación religiosa y a su nacionalidad, debido a que la opinión publica creía que el presidente era musulmán y había nacido en un país africano. La plana mayor de McCain censuraba los discursos de la aspirante a la vicepresidencia, Sara Palin, quien había entrado en un combate doctrinario con él.

En las elecciones de este año, todo ha cambiado. Se observa mucho resentimiento contra el Presidente. Cada persona encuentra causas diferentes, según su opinión política, para acusarlo de ser el causante del cambio moral y del desorden económico que ha padecido el país en su gobierno.

Se acusa al presidente Obama, principalmente, de haber cambiado su personalidad de pacifista a polemista desde que subió a la Casa Blanca y de haber pasado de humilde en la campaña del 2008 a político soberbio y partidista ahora.

Los republicanos lo acusan de ser el primer presidente en la historia del país de haberse convertido desde la Casa Blanca en jefe político de un grupo minoritario y no el presidente de todos los americanos.

Su cambio ha sido público y afirmativo. El Presidente ha dividido la sociedad en clases y alega ser defensor de la clase media, contra la clase alta. Es el líder político de los sindicatos obreros contra la empresa privada, protege la religión musulmana y ataca a los cristianos, ha tratado de suprimir el matrimonio entre un hombre y una mujer y crear el matrimonio entre personas del mismo sexo y ha prometido incluir este principio dentro de los estatutos del Partido Demócrata en su convención.

Al Partido Republicano, el presidente Obama le negó toda participación, en la expedición de leyes, cuando dominaba el Congreso, de mayoría absoluta demócrata en ambas cámaras y Nancy Pelosi presidía la Cámara Baja y Harry Reid, el Senado, ambos demócratas, que solamente cumplían órdenes y programas trazados por la Casa Blanca.

El pueblo americano votó en forma masiva contra esa hegemonía en Noviembre del 2010 y llevó la mayoría republicana a la Cámara Baja e igualaron las fuerzas en el Senado.

En las elecciones para la reelección, el presidente Obama no contará con la benevolencia del 2008. Ahora, inclusive un Sheriff de Arizona, lo acusa públicamente de portar un documento de nacimiento fraudulento.

En mi modesto concepto, no es la economía el problema básico que tendrán los americanos como punto de partida para decidir su voto en las elecciones de Noviembre del 2012.

Es la defensa del sistema moral e institucional tradicional de Estados Unidos lo que el presidente Obama ha tratado de destruir. Un ejemplo diáfano es el caso del candidato Santorum, quien subió de cero a la cúspide cuando planteó el problema moral en que se encontraría el país si el presidente Obama llegara a ganar las elecciones.

El electorado estadounidense vota, en términos generales, por plataformas políticas o sociales, pero los problemas morales que ha planteado el Presidente en esta ocasión serán definitivos en la elección de Noviembre de 2012.

Surgen nuevamente dudas sobre la nacionalidad del presidente Obama

No cumple con la condición constitucional para ser Presidente de Estados Unidos

El certificado de nacimiento de Obama, en duda

Demandas ante la Corte Suprema de Justicia

El millonario Trump lo investigó

El documento es ilegítimo, afirma el policía Arpaio, de Arizona

Indonesia es parte de mi vida, dice el Presidente

Encuestas

Constitucionalmente, Barack Obama no debe estar en la Presidencia de EE.UU.

Requisitos para ser Presidente

El artículo segundo, sección primera, cláusula quinta, de la Constitución Nacional, dice textualmente: Ninguna persona que no haya nacido en territorio de Estados Unidos puede ser elegida presidente de la República. "No person except a natural born citizen….shall be eligible to the Office of the President".

Hay tres clases de ciudadanos americanos

Los que nacen en territorio nacional, quienes nacen de padres estadounidenses en países extranjeros en los cuales Estados Unidos no tiene jurisdicción extendida y los nacionalizados. Los nacidos en países extranjeros se registran en las embajadas o consulados y no tienen el derecho a ser presidentes.

Documento de nacimiento –Histórico– y certificado de identificación

En el sistema estadounidense existe un documento relacionado con el lugar y la fecha de nacimiento de las personas, que es controlado por la oficina llamada Office of Vital Records, que opera a nivel nacional en coordinación con los Condados.

Ese documento, llamado Birth Registration, conserva la historia general del recién nacido, nombre de la madre y del padre si lo acepta, antecedentes de consanguinidad, referencias de orden social, el lugar y la fecha de nacimiento y huellas de las palmas de los pies, llamada footprint, tomadas en el sitio de nacimiento, hospital o clínica, los cuales son remitidas a la oficina de control de nacimientos.

La información contenida en ese documento de datos es utilizada por el Gobierno para actualizar el censo de la población minuto a minuto y para fijar sus programas económicos.

El Presidente no presenta documento histórico de nacimiento para su posesión

Desde la campaña presidencial del 2008, el Presidente se ha abstenido de presentar el documento histórico de nacimiento y solamente ha exhibido un Certificado de Identificación, expedido por el gobierno de Hawái, que es una síntesis del documento histórico. En el mundo latino existen, igualmente, dos documentos similares. La partida de bautismo, que conlleva una historia de la persona y de la familia, y un documento de identificación, que se expide de acuerdo con los datos de la partida de nacimiento, conocido como Cedula de Ciudadanía, que es adulterado fácilmente en diferentes países y no coincide con la información original.

La investigación privada del industrial millonario Trump

Una comisión privada, que Donald Trump, político nacional, negociante en propiedad raíz y gerente del Concurso Mundial de Belleza, había enviado a Hawái a aclarar las dudas que existían sobre el certificado de nacimiento del Presidente, regresó a Washington e informó que no había encontrado en las oficinas de registro de nacimientos el documento histórico del presidente Obama.

Este informe creó zozobra nacional y, en vez de buscar una solución, la prensa gobiernista resolvió utilizar el racismo como instrumento para acallar a sus críticos.

Tres años después de la posesión y, como consecuencia del escándalo causado por el informe negativo de la comisión Trump, la Casa Blanca presentó al público un documento de Registro de Nacimiento expedido por el gobierno de Hawai, no por la oficina que controla los nacimientos, donde se decía que el presidente había nacido el 4 de Agosto de 1961 en Honolulú.

El presidente estuvo muy orgulloso de haber conseguido finalmente el documento histórico e inició a finales del 2011 su campaña de reelección, exhibiendo su documento de nacimiento, en todas las concentraciones públicas, ridiculizando a Trump y a todos aquellos que dudaban de su nacionalidad americana.

Trump resolvió lanzarse como candidato a la presidencia por el Partido Republicano, a pesar de que se creía que era demócrata.

Muchos piensan que Donald Trump se prestó como cómplice necesario para un supuesto complot político, elaborado inteligentemente por el presidente Obama, para ocultar la realidad de su fecha de nacimiento.

¿Trump, amigo de Obama?
Invitado especial de la Casa Blanca

A pesar del conflicto aparente, Donald Trump fue invitado a la cena anual de la Asociación de Corresponsales de la Casa Blanca, presidida por el presidente Obama, y celebrada la noche del 30 de Abril de 2011, vísperas del primero de mayo, al mismo tiempo en que los helicópteros americanos rondaban sobre el techo de la residencia donde dormía plácidamente Bin Laden con su esposa, el día en que fue ajusticiado por el gobierno americano. A esta tradicional reunión, además de los periodistas, sólo suelen concurrir amigos personales e invitados especiales del Presidente de la República.

El documento es ilegítimo, según el policía Arpaio de Maricopa

Los técnicos dicen que el documento exhibido por el presidente no es legítimo, que adolece de las huellas de los pies, requisito requerido por la ley desde hace más de setenta años.

Acusación del policía de Maricopa

Según investigación científica realizada por el policía Joe Arpaio, Sheriff del Condado de Maricopa, el documento de nacimiento que presentó a la nación el presidente Obama no es legítimo.

El policía Joe Arpaio, Sheriff del condado de Maricopa, del Estado de Arizona, el Jueves primero de Marzo de 2012, ante una conferencia de prensa en la ciudad de Phoenix, aseguró públicamente ante los medios de comunicación, que el certificado de nacimiento que el Presidente presentó en el 2011, a petición del negociante en propiedad raíz, Donald Trump, es ilegítimo.

Textualmente dijo: " Birth certificate president Obama released last year is a computer generated forgery" "The authenticity of the president selective service registration card, is also not authentic" Based on the evidence and the investigation these documents are no authentic. My investigation believes that the long form birth certificate was manufactured electronically and it did not originate in paper format as claimed by the White House.

"El certificado de nacimiento que el presidente Obama presentó el año pasado-2011- es un documento imitado, elaborado en un computador. "El documento de identificación tampoco es auténtico."

There are two certificates for American citizens: Certificate of live birth for personal identification and, and long form certificate, with your complete history , done when you are borned, with many details

Last year 2011, at White House Correspondents Association Dinner, Obma invited Mr. Donald Trump and mocked him for doubting his birth certificate.

Sheriff Arpaio had began the investigation at the beginning of 2011, and the Secretary of Justice. Mr. Holder Attorney General, accused Mr. Arpaio en December of 2011, of violating Civil right of the illegal immigrants accusation which has been interpreted as a means to put a gap on Mr. Arpaio.

Sheriff Arpaio, comenzó la investigación al principio del año 2011, y el Secretario de Justicia, Mr. Holder, Attorney General, acusó a Mr. Arpaio en Diciembre del 2011, de violar los derechos civiles de los inmigrantes indocumentados, acusación que se ha considerado "to "put a gap on Mr. Arpaio", como un instrumento para silenciar la voz de Mr. Arpaio."

Each State has the right to verify the birth of presidential candidates as qualify to get on their States ballots."

Cada Estado tiene el derecho constitucional de verificar el lugar de nacimiento de los candidatos a la Presidencia de la República

Demandas ante la Corte Suprema de Justicia

Primera demanda. El abogado Leo Onofrio presentó la primera demanda ante la Corte de Apelaciones con jurisdicción en New Jersey, y luego ante la Corte Suprema de Justicia, y su principal argumento se fundamentó en aseverar que el senador Obama había nacido en la republica de Kenia. Otros precisan que nació en Indonesia, países de donde se traslado a Hawai, cuando era niño.

El abogado de Pennsylvania Philip Berg ha sustentado demandas ante la Corte de Apelaciones y ante la Corte Suprema de Justicia alegando que el senador Obama tiene doble nacionalidad y que, por lo tanto, su elección como Presidente del país es nula. La Corte aun no ha decidido el destino de esta demanda, que se sustenta con evidencias diferentes a las que adjuntan otros demandantes.

La Corte Suprema de Justicia se ha negado a tramitar otras cinco demandas que se han presentado negando la nacionalidad americana del Presidente.

Indonesia es parte de mi vida.
Su familia paterna es de Kenia

Algunos creen que el presidente nació en Kenia, país nativo de su padre y toda la ascendencia del presidente Obama por su línea paterna. En declaraciones a periodistas, posando con una mascota, un gallo fino de pelea, con un plumaje colorido, según fotografías publicadas, su hermosa abuela dice que el presidente Obama, su nieto, es hijo de Kenia.

La versión más popular la defienden los opositores, que alegan que el Presidente nació en Indonesia, en fecha anterior a la anunciada en los certificados de nacimiento, confeccionados en un computador, como lo afirma el policía Arpaio. Otros aseguran que nació en Kenia.

En su visita oficial a Indonesia, en el 2010, el presidente Obama fue recibido como ciudadano nativo y reconoció haber hecho sus primeros estudios elementales en su infancia en una escuela de Indonesia, donde lo llamaban Harry.

En ese viaje reconstruyó su vida infantil en Indonesia y, según sus palabras, recuerda que "compraba cebiche en las calles públicas y oraba varias veces al días, según los ordenamientos del islamismo." Por otra parte, en Hawái dicen que el Presidente hizo sus estudios elementales en una de sus escuelas primarias.

En Indonesia rodaron una película sobre la infancia del presidente Obama, pero, inexplicablemente, se prohibió su exhibición en Estados Unidos.

Indonesia es parte de mi vida.

Los apartes de los discursos analizados y transcritos en este comentario tienen origen en informaciones de Associated Press y del artículo publicado en primera página del Washington Post, el día 10 de Noviembre por el periodista Scott Wilson, desde Yakarta, quien formó parte de la comitiva de prensa que acompañó al Presidente a Indonesia.

- "Obama retorna a Indonesia, donde estudió en su niñez.

- Obama arribó el Martes- 9 de Noviembre - a Indonesia, para una visita corta, debido a problemas atmosféricos, viaje en el cual se mezcla la diplomacia con la economía y la nostalgia, debido a que el Presidente retorna al país donde vivió durante cuatro años en su infancia, a finales en 1960".

- "Obama, arrived Tuesday in Indonesia for a short stay that mixed diplomacy with un economically important Muslim nation and nostalgia, as he returned to a place he spent four year of his childhood." Washington Post.

"El discurso fue publicado por la Casa Blanca como parte del acercamiento que el presidente Obama ha emprendido durante su Presidencia entre Estados Unidos y la religión musulmana, esfuerzo que comenzó el año pasado en su visita a El Cairo".

-"The Speech was cast by White House officials, as part of the president continuous outreach to Muslims, un effort, he began last year in Cairo by calling for a new beginning between the United States and Islam."

En el discurso pronunciado en la Universidad de Indonesia dijo que "Indonesia es parte de mi vida": "Let me begin with a simple statement: Indonesia is a part of me".

Comencemos con una simple sentencia: Indonesia es parte de mi vida.

Una multitud de estudiantes respondió con emoción cuando el presidente Obama habló de la época en que vivió en Yakarta. Cuando era un niño recordaba el llamamiento a orar que se difundía a lo largo de Yakarta, ciudad donde vivió en una pequeña casa, que tenía sembrado un árbol de mango en el jardín, le dijo a la audiencia. También le manifestó a los asistentes que la mezquita Istiglal, que visitaría, la más grande del sur de Asia, había comenzado a ser construida cuando vivía en Yakarta, a finales del 1960 . El Presidente terminó su discurso en la Universidad con la tradicional frase de despedida: "Paz para ustedes". Salaam Alaikum.

Hablando en el idioma Bahasa- de Indonesia, el presidente Obama recordó también las calles repletas de bicicletas Rickshaws- (triciclos de transporte arrastrados por personas) y cuando viajaba parado en la parte posterior de los taxis. Ahora que es Presidente no pudo observar el movimiento automotor porque las autoridades han paralizado el tránsito para darle paso a la caravana y no pudo ver ninguno de los vehículos de esa época. Las historias de sus añoranzas hicieron sonreír al presidente de Indonesia, que estaba a su lado, en la conferencia, y a los periodistas indonesios que interrogaban al Presidente.

"The Pew Research Center Poll, found that nearly one in five American thinks the president is a Muslim, in part, because of the time he spent in Jakarta as a Child".

Ahora, con la campaña electoral para la Presidencia en marcha, la nacionalidad de Barack Obama vuelve a la consideración del pueblo estadounidense, que, en un alto porcentaje, cree que su mandatario no tuvo credenciales constitucionales para aspirar a la primera elección y tampoco actualmente para figurar como candidato a la reelección.

Las elecciones primarias del 2008

Demócratas: Clinton,
Obama y Edwards
Republicanos: Romney, Giuliani,
Huchabee, McCain, Thompson
y Sara Palin

(Washington D.C. Enero 3 de 2008)

Confrontaciones entre
los candidatos en el 2008

Las confrontaciones entre los candidatos de cada partido en las primarias del 2008 fueron más de índole personal que de orden doctrinario.

Veamos algunos de los ataques personales recíprocos.

Obama contra Hillary

Los candidatos Obama y Edwards criticaban a la senadora Hillary Clinton por su indecisión y por la generalización de sus planteamientos. El hecho de ser la esposa de un ex presidente no la califican para ser buen presidente, decían.

El plan de salud universal de Hillary Clinton para todos los americanos era tildado de utópico. Por otra parte, ciertos comentaristas de radio afirmaban que el timbre de la voz y la risa de la señora Clinton indicaban nerviosismo, inseguridad e histerismo.

La senadora Clinton, por su parte, trató de desprestigiar a Obama acusándolo de haber consumido cocaína en su juventud, haber pertenecido a la religión islámica, no ser cristiano, no haber nacido en territorio nacional americano, haber sido socio del negociante corrupto Tony Resko y amigo personal y copartidario del terrorista Bill Ayers. Los republicanos y los independientes guardaron silencio con relación a esas acusaciones. En las elecciones del 2012, la campaña es diferente, según se puede observar.

Obama vs Sara Palin, candidata a la Vicepresidencia

El candidato Barack Obama enfiló sus baterías contra la candidata a la Vicepresidencia y no contra McCain, el candidato oficial a la Presidencia por los republicanos.

La explicación es clara. El senador John McCain hizo una campaña de cortesía y diplomacia, tratando de no tocar el tema racista, que lo asustaba en forma impresionante, mientras los ataques de Sara Palin estaban erosionando el prestigio de Obama.

El senador McCain nunca llego al corazón de los americanos a pesar que era un héroe de guerra en Vietnam.

La mayoría de los hispanos que son de origen mexicano y centroamericano, no votaron por McCain, a pesar que fue el líder de la reforma de inmigración Bush- Kennedy, en el Congreso del 2005 frustrada por el voto negativo de 15 senadores demócratas.

Los hispanos mexicanos votaron por Obama, quien en el Congreso se opuso a la reforma abiertamente. La mayoría de los hispanos de origen mexicano y centroamericano no tienen capacidad de análisis, debido a su bajo nivel cultural, el desconocimiento del inglés, por lo que son fácilmente engañados por los políticos demócratas, quienes siempre acusan a los republicanos de ser enemigos de los inmigrantes.

Pragmatismo obamista contra Sara Palin. Flip fiop

Washington - Septiembre 13 de 2008

El pragmatismo político ha sido definido como el sistema del engaño, es decir, acusar cambiando la verdad por la mentira.

Acusar para no ser acusado, convertir la mentira en verdad, acusar a los terceros de sus propios errores, cambiar el sentido de las afirmaciones de acuerdo con la conveniencia y jugar con el significado de las palabras y de las frases son metodologías que caben dentro del contenido de la definición.

El pragmatismo obamista
y la Doctrina Preempt de Bush

El periodista Carlos Gibson le preguntó en el 2008 a la candidata a la Vicepresidencia Sara Palin, que opinaba de la teoría Bush, en entrevista en la cadena ABC. "Cual teoría", contestó Sara. Al día siguiente, el pragmatismo obamista entró a trabajar. La calificaron de estúpida, de ignorante en política internacional, por no referirse a una de las muchas interpretaciones de las doctrina Bush, relacionada con la facultad que tiene Estados Unidos para ejercer el derecho a la legítima defensa subjetiva cuando el país esté en eminente peligro. " Entre más grande sea la amenaza-terrorista- más grande es el riesgo que produce la inacción y por tanto más obligatorio debe ser tomar medidas preventivas para defendernos si es necesario. Para prevenir esas acciones hostiles de nuestros adversarios, los Estados Unidos deben, si es necesario, actuar aun con intervención en el extranjero". La intervención exterior la llaman "preempt".

El presidente Bush ha sostenido que es preferible atacar a los terroristas en el exterior que pelear contra ellos en el interior del país El Washington Post posteriormente defendió a Sara Palin, argumentando que había muchas teorías de la Doctrina Bush. Sara Palin actuaba en proporción a la agresión de Obama.

El colorete y el cerdo

"Usted puede poner colorete en los labios del cerdo y el cerdo siempre será el mismo cerdo", dijo Obama en la televisión, refiriéndose a la agresividad política de Sara Palin . "You can put lipstick on a pig. It still is a pig", afirmó el senador Obama, refiriéndose a Sara Palin.

Cuando se produjo la reacción negativa del público, Obama usó la teoría Darwin y cambió el significado de la frase, pero sin convencer a su auditorio.

El senador Obama después de varios días dijo que no se refería a Sara sino a McCain. La explicación es incoherente, pues solamente las mujeres usan colorete en los labios.

Pragmatismo y lobismo

Se atacó a Sara Palin por haber conseguido millones de dólares para adelantar obras públicas en su Estado de Alaska, cuando era gobernadora, pero se ocultó el lobismo del empresario Resko, ex socio y amigo del senador Obama, que está en la cárcel por haberse enriquecido a través de contratos conseguidos con el gobierno, y también el lobismo del hijo del vicepresidente Biden, Hunter Biden, quien pertenecía a una oficina de lobby, con sede en la ciudad de Washington, según lo informó el Post con fecha 13 de Septiembre del 2008. Hunter renunció su cargo cuando su padre fue elegido vicepresidente.

Educación sexual de los niños de Chicago. Más pragmatismo obamista

El Congreso de Illinois aprobó una ley, autorizando la educación sexual para los niños de kínder en Chicago. El senador Obama apoyó la ley, pero cuando fue criticado dijo que había votado a favor, pero que él no la había presentado. ¿Hay alguna diferencia en el fondo?

Pragmatismo y cocaína

La campaña obamista del 2008 criticó a la esposa del candidato McCain por haber usado drogas medicinales recetadas por profesionales, para curar el dolor, cuando padecía una enfermedad grave, pero se oponían a que se mencionara el consumo de cocaína del senador Barack Obama, en su juventud, hecho que el presidente reconoce honestamente en uno de sus libros biográficos.

¿Quién es Sara Palin?

Sara Palin representa a la auténtica mujer americana. Nació y se crió en un pueblo pequeño de ocho mil habitantes, llamado Wasilla, en el Estado aislado de Alaska, de los cuales fue alcaldesa y gobernadora, respectivamente. Trabajó como simple obrera en su juventud, es deportista, capitana de su equipo de basquetbol, en su colegio, es diestra en el manejo de las armas de defensa personal, debido a que vivió en medio de la fauna salvaje y no en la aristocracia capitalina, su vestuario es sencillo, igual al que usa el común de la mujer de Estados Unidos, cocina y lava la ropa de su familia como cualquier ama de casa fueron muchos de los comentarios que se oyeron por parte de los concurrentes a la concentración improvisada en Van Dick.

Sara Palin contra el panel de la muerte en el 2009

Pull the plug on Grandmother- No mates a mi abuela, le dijo Sara Palin al presidente Obama.-

La cláusula Death panel o Panel de la muerte estaba oculta, incrustada, como cientos de artículos desconocidos por la opinión pública, en el proyecto de ley de reforma a la salud del presidente Obama, que tiene más mil páginas. Cuando la norma fue descubierta y salió a la luz pública hubo conmoción nacional. Solamente el 32% de los americanos la respaldaba, contra el 48% que la rechazaban.

Esta norma legislativa toca la sensibilidad de todas las instituciones nacionales, la cultura tradicional de los americanos, la moral, las organizaciones religiosas, principios políticos y aun el sistema económico.

La cláusula Death panel, creada en la reforma a la salud del presidente Obama, tiene por objeto ayudar a "bien morir" a personas de avanzada edad, en estado preagónico, con enfermedades incurables y es aplicada por una junta de funcionarios del gobierno.

The Death panel - Panel de la muerte- es un método de eutanasia, similar al programa racista de Hitler, que eliminaba pordioseros y viejos, después de determinada edad, y a personas con inhabilidades físicas y mentales, decía la oposición.

Sarah Palin, la candidata a la vicepresidencia del Partido Republicano, afirmó que la institución conocida como "Panel de la muerte", creada con el pretexto de reducir el costo del servicio de salud, y que el panel, o junta de funcionarios del Gobierno, que debía decidir quién debe morir o quien puede vivir es completamente inconstitucional. Concluyó diciendo que el "Panel de la muerte", establecido en la reforma de salud, es inmoral, porque el fin de la vida de un enfermo o un anciano debe decidirlo la familia, en concordancia con un médico particular y no por burócratas del Estado.

El doctor Ezequiel Emmanuel, hermano del jefe de personal de la Casa Blanca en el 2009, comentando la cláusula Death panel, dijo en una ocasión, hace años, cuando se discutía un proyecto similar, pero de orden privado, ante la Corte Suprema de Justicia, que el problema "es que se puede abusar del sistema, justificando el uso de la eutanasia para ser aplicada a niños, a personas incompetentes, a enfermos mentales y a otros que están sufriendo en alguna forma".

El W. Post decía: El debate amenaza una política sensible. Sarah Palin ha realizado la interpretación más errónea, al decir que el panel de la muerte decide quien es demasiado anciano para morir o quien no tiene méritos para recibir tratamiento médico. Primero, la realidad es que tiene sentido que todas las personas piensen, tarde o temprano, acerca del fin de la vida. Segundo, tiene sentido el que los doctores incentiven a sus pacientes a pensar acerca de este hecho del fin de la vida, preferiblemente cuando están jóvenes. Esa es la intención de la nueva cláusula insertada en el proyecto de reforma a la salud, que estudia el Congreso. Este tópico de planificar el fin de la vida, nunca debe ser mezclado con el control del costo del cuidado a la salud, y metiendo este tema en un proyecto de ley, que se refiere sustancialmente a controlar el costo, se está cometiendo un error".

Se transcriben a continuación los términos del editorial "DEATH PANEL SIDESHOW, Demagoguery Obscures the Value of end-of- life planning. (La demagogia obscurece el valor de planificar el fin de la vida). "The debate threatens sensible policy...The most extreme misrepresentation has Death Panel as Sarah Palin put in, deciding who is to old o to disable to merit treatment.

This is a distorted interpretation to say the least...First, It make sense for everybody to think about end of life issues, and the earlier in life the better...Second, it make sense for doctors to encourage their patients to think about this issue preferably while patients are still relatively young... That is the intent of the now controversial measure inserted into the house version of health care reform...Since 1990, similar institutions have been require to inform patients of their rights to accept o refuse treatment. This issue of end of life, planning, never get mixed in, with the issue of cost control in health care; tucking the measure in question into a bill that focuses substantially in controlling cost may have been a mistake..

Patients who did not discuss treatment options did not leave longer but they have a worse quality of life in the final week, more likely to be in intensive care o on a ventilator. Suggesting that encouraging physician to discuss advance directives with their patients is encouraging Euthanasia, as house minority leader John Boehner asserted, could have the effect of consigning more patients to unnecessarily uncomfortable deaths."

El diario Washington Examiner, de fecha 14 de Agosto del 2009, decía que durante los últimos días el debate sobre la cláusula Panel de la muerte, los demócratas han demostrado su inhabilidad para probar qué persiguen con la reforma a la salud. Parte del problema que tiene el Gobierno es que no tiene un plan concreto para defender. El senador Grassley, republicano, ha dicho a su electorado que él no tiene ningún problema con la cláusula relacionada con la ayuda a morir de los ancianos llamados terminales, pero siempre que ello se haga con el permiso de la familia, de acuerdo con el médico personal y no por el gobierno. "We should not have a government program that determines to pull the plug on Grama (grandmother), Nosotros no deberíamos tener un gobierno que determine cuando nuestras abuelas deben morir".

La comentarista Camille Paglia, demócrata, escribe en su página www.salón.com, que "la administración ha manejado el tema de la salud en las forma más grotesca que pueda hacerse. ¡Quién iba a pensar que el inteligente y deliberante Barack Obama no tenía nada concreto para ofrecer, solo vagas y deslizables propuestas y que iba a ceder fácilmente las funciones del ejecutivo a un caótico, rapaz y sofisticado congreso!

La vocera Nancy Pelosi, a quien yo admiraba, ha estado sin control frente a las justas manifestaciones de rechazo de los ciudadanos americanos en los foros municipales. Ella está haciendo –grievous- daños opresivos al Partido Demócrata y debería renunciar inmediatamente". Cita de Greg Pierce. El presidente ha perdido respeto y autoridad.

Siguiendo un método demagógico de ataque, la señora Pelosi, propuso al presidente, según el periodista Tony Blankley, culpar en forma reiterada a las aseguradoras de salud como causantes de la oposición al programa y a la candidata a la vicepresidencia Sara Palin se ser deshonesta, intimidándole su derecho a opinar, que garantiza la Constitución Nacional.

Nancy Pelosi, presidente de la Cámara, y el líder mayoritario Stency Hoyer, identificaban a los críticos y a la oposición a la reforma, que representa el 48% contra el 32% que la apoya, de monstruos nazistas, y bandidos disidentes.

Sarah Palin, terror de los demócratas

(Washington D.C. - Julio 12 – 2009)

Cuando Sarah Palin salió al ruedo con el trapo rojo de los republicanos, en la campaña presidencial, hablando con lenguaje sencillo, presentando los temas que afronta la mujer del común, expresando sus idea sin temor, los demócratas vieron un supermonstruo que opacaría, al candidato Obama, se aterrorizaron en forma tan abrupta, y usando su sistema de ataque para ocultar la verdad, empezaron la campaña más cruel y deshonesta que se haya realizado contra una mujer en la historia política de Estados Unidos.

Sara Palin era una mujer desconocida a nivel nacional, a principios del 2007, quien cambió el sistema diplomático de lucha política de los republicanos. por la metodología de ataque recíproco, que los demócratas tradicionalmente han usado en su contra. Los demócratas sufren día y noche de una enfermedad llamada "paranoia sarista".

La cambiante personalidad de Barack Obama

Culto a la personalidad

División racial

Irresponsabilidad presidencial, según el Washington Post

Extremismo musulmán, según el New Yorker

Pragmatismo

Obama pide que le juren lealtad

"Prometo estar al servicio de Barack Obama".
"Ayuda a Obama y al mundo".

I pledge to be of service of Barack Obama,se lee textualmente en el video remitido a todos los establecimientos educativos del país por la Casa Blanca en Agosto 26 del 2009, pocos meses después de que el presidente asumiera el mando de la Nación.

Este juramento de lealtad a la persona del presidente, que debía ser cantado por los niños en sus escuelas diariamente, reemplazaría el juramento de lealtad a Estados Unidos, que comienza diciendo: Prometo lealtad a la bandera de Estados Unidos de América, a la República que la representa, a la Nación que cree en Dios, indivisible, con justicia, igualdad y libertad para todos". I pleage alleage to the Flag of the United States of America, to the Republic that stand for, to the Nation under GOD, indivisible, with justice, Iguality and liberty for all".

En coordinación con el video, el presidente de la República, Barack Obama, dirigió el mensaje instructivo a los niños de 7 a 12 años de edad a todos los establecimientos educativos del país, el 8 de Septiembre del 2009, desde una Escuela del Condado de Arlington, en el Estado de Virginia, fecha en que generalmente inician las clases la mayoría de los establecimientos educativos del país.

Anexo al video, el secretario de Educación Nacional, Arne Duncan, y su asistente, Timmy Vietor, remitieron instrucciones a todos los rectores de los centros educativos para que lo incluyeran en el curriculium ordinario y así los niños pudieran asimilar el mensaje del Presidente en forma positiva e instructiva. El video, que debía ser privado, parte de un programa estudiantil, fue filtrado, descubierto y publicado en su totalidad por el periódico Salt Lake Tribune de Utah

Según el Tribune, el video comienza con una fotografía informal juvenil del presidente Obama, adaptado para la ocasión.

 El video debía ser exhibido a los niños en las aulas, en una clase adicional al curriculum normal, analizando las orientaciones y expresiones literarias del discurso del Presidente.

Los niños debían aprender a recitar esta proclama. Los profesores asignarían tareas a los niños sobre cómo podrían ayudar al presidente Barack Obama a orientar el país y el mundo. Los niños debían escuchar el discurso del Presidente con frecuencia y "formar grupos para discutir lo que el Presidente quiere que los niños hagan"

"Why does President Obama want to talk with us today? How will he inspire us? "Por qué el Presidente desea hablar con nosotros hoy? ¿Cómo el presidente nos inspirará".

Las organizaciones de padres de familia, que existen en todas las instituciones educativas, analizaron el video y la circular del secretario de Educación y concluyeron que el mensaje tenía un objetivo político y no instructivo.

El rector de un colegio en Farmington exhibió el video en una clase de niños entre 7 y 12 años. La comunidad reaccionó en contra y le pidió la renuncia. El profesor reconoció que había cometido un error de orden ético, ofreció excusas y el contenido de la circular oficial y del video de la Secretaria de Educación Federal fueron publicados en el periódico Salt Lake Tribune de Utah. Como es costumbre, la Casa Blanca negó el contenido, aduciendo que la oposición estaba engañando la opinión pública.

El sistema educativo de Estados Unidos es autónomo, administrado por juntas de supervisores de los Condados y no depende del Gobierno Federal.

Cada Condado en que se divide geográficamente cada Estado paga casi el 80% de la educación. El gobierno estatal colabora con otra cantidad y el Gobierno Federal contribuye con menos del 10%, y no en todos los Estados, dinero destinado a construcciones y similares. En cada condado existe una junta de supervisores, que establece el currículo y administra el presupuesto.

El gobierno federal tradicionalmente no interviene en la orientación educativa de los niños, que por disposición de la Constitución Nacional corresponde a los Estados. El único programa de educación paralelo al currículo lo ejecutó, con dineros federales, el presidente Bush, denominado "Ningún niño debe quedarse atrás"

La asociación de padres de familia de Farmington, Utah, calificó el video como un sistema de adiestramiento político.

El Washington Times, tituló el editorial de Septiembre 3 del 2009: "Obama infiltrándose en la cabeza de los niños.- Culto a la personalidad del presidente Obama" "Este mensaje es un problema, debido a la historia radical del Presidente en actividades escolares".

"Stanley Kurts, directivo del Centro de Política Pública y Ética, revela noticias, relacionadas con la forma cómo el presidente Obama, en su condición de director del Centro Annenberg, en Chicago, formó una sociedad con el entonces terrorista Bill Ayers, llamado por el mismo, "Comunista -c-". El grupo dirigido por Obama, invirtió 100 millones de dólares destinados a los activistas de izquierda para promover una reforma radical nacional en el área de la Educación. The planned Speech reinforces the lurking creepiness factor around the cult of personality being erected for this president. Is not the president Job to be a surrogate of parents, teacher or principal for America's children. He would better serve our kids by not bankrupting de country they will inherit".

El discurso "fortalece el factor sigilosamente escondido que está al asecho del culto a la personalidad, erigido por este presidente".

Dios y la lealtad al Presidente
Educación y política desde la Casa Blanca

El secretario de Educación ha convocado reuniones con todos los gobernadores y ha prometido ayudas económicas, del programa de Estimulo Educativo, a los gobernadores que contribuyan con su plan de reforma educativa nacional. El secretario propuso establecer un solo pensum a nivel nacional y unificar los textos de estudio específicos para todas las instituciones educativas.

El término religioso Dios, que se recitaba por los estudiantes todos los días, antes de iniciar las clases en todos las entidades de educación oficial y antes de comenzar actos públicos y ceremonias, ha sido suprimido por iniciativa de parlamentarios demócratas, entre ellos, el mismo Presidente. Muchos dirigentes demócratas insisten en eliminar la totalidad del lema de Lealtad a la Patria en las instituciones educativas.

La oposición alega que el intervencionismo gubernamental del Presidente en todas las actividades públicas, comerciales y aun privadas de los ciudadanos, tiene como objetivo primario crear en las conciencias de las nuevas generaciones un concepto diferente de la cultura tradicional del país que el Presidente rechaza, como lo ha demostrado en todas las actuaciones administrativas de su gobierno.

Obama fomenta la división racial.
Los americanos son cobardes dice Procurador

El gobierno del presidente Obama comenzó su administración creando otro conflicto de orden racial y político que promovió las diferencias antiguas de orden social existentes entre afroamericanos y americanos de diferente raza. Unos defienden su posición y la gran mayoría la rechaza.

En la ceremonia de celebración de la Reivindicación de los Derechos Civiles de los Afroamericanos, en Febrero del 2009, el señor Eric Holder, Procurador General de la Nación, Fiscal en otros países, primer afroamericano en ocupar este cargo en la historia de Estados Unidos, dos semanas después de posesionarse dijo que "los americanos eran cobardes por no reunirse socialmente con los afroamericanos".

Textualmente el Procurador dijo:

"A pesar que la nación ha pensado orgullosamente que es una mezcla étnica, en cuestiones raciales, siempre hemos sido, y continuaremos siendo en muchos aspectos, esencialmente una nación de cobardes...Simplemente no hablamos lo suficiente entre nosotros de temas raciales. Durante el tiempo que yo esté aquí, debo y dirigiré la Nación hacia el nuevo nacimiento de la libertad, que por mucho tiempo ha prometido nuestro eminente Presidente..."

"Though this nation has proudly thought of itself as an ethnic melting pot, in things racial, we have always been, and continue to be, in too many ways, essentially a nation of cowards... simply do not talk enough with each other about race...as long as I am here must and will lead the nation to the new birth of freedom so long ego promised by our greatest president.." CNN - Febrero 20, Programa State of the Unión. Washington Times, February 20 Page A4. Wesley Prudent, y Washington Post, Febrero, 21 y 28.

El Washington Post, en editorial de Febrero 21, del 2009, comentó que "cerca de hace un año como candidato nominado por los demócratas, en el 2008, el presidente Obama presentó el mismo argumento, en discurso directo, sobre dolor, odio y frustración de generaciones entre negros y blancos". "Ahora tenemos la contribución del señor Holder, que esperamos reanime el tema de la conversación. Entre más diversidad haya entre los americanos, sin grupos raciales en las mayorías, habrá menos gente con miedo del terrible pasado de América."

La periodista Campbell Brown de CNN, defendió al Procurador, y dijo que "el señor Holder tiene razón. Todavía permanecemos segregados en muchos aspectos. Tratar de romper las barreras crea incomodidad en las personas."

El Washington Post, con fecha 28 de Febrero, transcribió opiniones de varios comentaristas que criticaban la posición del gobierno. Veamos algunas.

"Holder ha sido rechazado por algunos que argumentan que con la elección del presidente Obama, el país ha demostrado su deseo de moverse más allá del problema racial".

Maureen Dowd, del New York Times, asemeja los comentarios de Holder, en el departamento de Justicia, en el mes de la historia afroamericana, a las conferencias sobre el problema racial presentadas por Jesee Jackson o Al Sharpton. La elección de Barack Obama fue entendida por nosotros para superar el problema racial.". Los señores Jackson y Sharpton son considerados por la comunidad blanca como líderes afroamericanos extremistas.

Jen Singer, autora de "Usted es una buena madre" y de "Sus hijos no son tan malos", escribió en la página en el Internet Betty Confidential. com, que Michelle Obama, podía decir lo que deseara, acerca de la historia afroamericana, de esclavitud y segregación, pero ningún argumento podría ser mejor, en la actualidad, que ella ilustrara a los estudiantes como llegó a ser la primera dama de este país" , despúes de declarar que nunca se había sentido americana.

"Hay mucho riesgo de hablar demasiado del problema racial, ha dicho Thomas Man, un científico político del Instituto Brookings, en un e-mail. Durante la campaña, Obama hizo una afirmación explícita de no enfatizar en el problema racial y habló de ello solamente cuando su candidatura estaba en peligro. Cambiar de curso ahora, puede hacer que algunos se sientan muy incómodos. Casi el 44% de los afroamericanos consideran el problema muy grave, pero únicamente el 22% de los blancos lo consideran muy serio. Ellos, definitivamente tienen que ser cautelosos. El señor Man, con relación a la administración de Obama, dijo: es mejor que el presidente y sus asistentes afroamericanos ejecuten un programa que sirva de modelo al país y realice amplios objetivos en esa dirección".

Rinku Sen, presidente of the Applied Research Center, organización de estudios raciales en Oakland, California, Chicago y Nueva York, ha dicho que el diálogo racial ha sido traído de nuevo, como un paradigma, en términos antiguos, que habían llevado la nación a un impase. Yo creo que la conducta a seguir es: nosotros hemos elegido un presidente negro y la gente olvida que fue una dura campaña, ahora estamos por encima del problema racial y, por lo tanto, la solución es que todos debemos cerrar la boca - "everybody should just shut up".

La palabra coward o cobarde, en general, tiene un significado de insulto, tanto en inglés como en español. Líderes extremistas, como el pastor Jeremías Wright, quien fue asesor espiritual del presidente durante 20 años, hasta pocos días antes de ser nominado para Presidente, el gobernante Chávez de Venezuela han utilizado el mismo vocabulario contra los Estados Unidos en muchas ocasiones.

El señor Holder, desde otro punto de vista, quien había sido un abogado en ejercicio, distinguido por su honestidad, imparcialidad y caballerosidad, ha cambiado totalmente su personalidad en el actual gobierno, y ahora se le considera el Procurador General de la Nación más político, más sectario y más parcializado que haya tenido el país en su historia judicial. Inclusive ha sido sancionado por el parlamento por desacato al Congreso, por ocultar informaciones relacionadas con el escándalo de Fast and furious -Rápido y furioso-, en el cual se acusa al gobierno, de haber autorizado la venta de dos mil armas de fuego a los narcotraficantes mexicanos, con las que se asesinaron cientos de personas en ese país y un policía americano en la frontera. El Procurador ha dicho en su libro que hace dos años había intentado renunciar por conflictos con la Casa Blanca.

La Procuraduría General de la Nación no es un cargo político, es el eje sobre el cual se mueve todo el sistema judicial en Estados Unidos. La rama judicial en este país es un apéndice complementario de la Procuraduría. El Procurador es quién decide qué personas deben ser juzgadas y quiénes deber ser considerados inocentes.

La pregunta que todos se hacen es: ¿está dentro de las funciones del Fiscal General, y es el momento oportuno, para someter a consideración del pueblo americano un tema político de esta naturaleza, que ha mantenido a la sociedad en permanente zozobra por cientos de años?

Este planteamiento racial hace eco a las declaraciones de Michelle Obama, quien al principio de la campaña por la Presidencia, expresó públicamente que "nunca me había sentido americana hasta ahora", precisamente cuando su esposo fue elegido Presidente.

Obama radicalista

Obama es el Presidente más radical en la historia de Estados Unidos escribió Michael Gerson en el Washington Post, en Abril 8 de 2009.

¿Quién ha sido el Presidente más radical en la historia de Estados Unidos? Richard Nixon, Ronald Regan, George W Bush? No, ese honor le corresponde a Barack Obama."

"Who has been the most polarizing new president of recent times? Richard Nixon? Ronald Regan? George W. Bush? No, that honor belongs to Barack Obama.

"According to the Pew Research Center, the gap between Republicans and Democrats approval ratings for Bush a few months into his first term was about 51 percentage points. For Obama this partisan gap stands at 61 points. Obama has been a unifier, of sorts. He has united Democrats and united Republicans- against each other".

"Según la organización Pew Reseach Center, el respaldo partidista a los dos presidentes, en los primeros meses de su mandado, ha marcado una brecha o diferencia, entre republicanos y demócratas. Mientras el presidente Bush obtuvo un porcentaje de aprobación del 51%, el presidente Obama obtiene un porcentaje de aprobación de su partido del 61%. El presidente Obama ha sido un unificador. Él ha unido a los demócratas y ha unido los republicanos, unos en contra de otros".

Agrega el Pew que hace décadas una mayoría demócrata apoyó a la administración del presidente Nixon, al principio de su gobierno. Una mayoría de republicanos hizo lo mismo con el presidente Carter. Pero esto no ha ocurrido desde esa época.

"Se pensó que Obama era el antídoto del veneno del sectarismo político". Durante la campaña presidencial, su jefe estratega David Axelrod le dijo a Brewnstein: Si hubiese una mayoría demócrata, yo creo que Obama tratará de forzar coaliciones, no porque nosotros seamos incapaces de enfocar nuestras decisiones, sino porque un gobierno eficaz necesita la coalición a largo plazo.

"Durante el trámite en el Congreso del presupuesto se sentó un principio de ineficacia gubernamental. Ni un solo republicano en la Cámara, ni en el Senado votó por la aprobación del proyecto de ley del presupuesto, fundamentalmente porque la mayoría demócrata impuso su voluntad".

"Los republicanos fueron ignorados y no consultados". "Los líderes demócratas planearon imponer el sistema electoral partidista denominado Proceso de Reconciliación", que consiste en que las decisiones se toman por una mayoría de 51 votos sobre cien que conforman el Senado y no de 60 sobre cien, que siempre se ha utilizado, cuando se trata de aprobar el Proyecto de Presupuesto Nacional. Sin el apoyo de los republicanos, el presupuesto "es una caricatura "o farsa de impuestos y gastos.

Obama se ha quejado de heredar de Bush una deuda de 1.3 trillones, pero de acuerdo con el economista Michael Boskin, Obama agregará una deuda de 6.5 trillones en la próxima década, lo cual significa una deuda para cada familia americana de $163.000. Actualmente el presidente ha incrementado la deuda en 16 trillones.

"La deuda propuesta por Obama es irresponsable. Ello significa un aumento de Impuestos inevitable. Ello, también aumenta nuestra dependencia de China, el prestamista de Estados Unidos, al forzar al gobierno a monetizar la deuda, creando inflación".

"Obama cambia su identidad política. Sus mensajes y maneras de moderación que presentó a la nación, preocupada por la división y la ambición, han cambiado".

"Y ello es muy triste, vergüenza innecesaria para Barack Obama, el candidato de unidad, que rápidamente ha venido a ser la fuente de la división".

Obama, un Presidente arrogante y soberbio

El presidente Obama es arrogante y soberbio, exclusivista, vive en una urna de cristal, no quiere igualarse con los secretarios del despacho y vive alejado de sus propios amigos y servidores en la Casa Blanca, son algunos de los apelativos con que los medios de prensa han calificado al Presidente de la República en sus años de gobierno.

El Diccionario de la Academia de la Lengua Española define la soberbia como un sentimiento de superioridad respecto de los demás, que se manifiesta en un trato distante y en el menosprecio hacia ellos y la tendencia a apropiarse indebidamente de una facultad o un derecho que le corresponde a los demás.

Según lo informó Anne Kornblut, del Washington Post, en primera página, con fecha 9 de Marzo del 2010, la Casa Blanca está dividida en dos grupos. El presidente solamente permite comunicación directa con los asistentes personales y secretarios de Educación y Defensa, y excluye al resto de los miembros del gabinete, quienes deben pedir audiencias para solucionar sus problemas administrativos con los empleados subalternos de la Casa Blanca y no con el presidente. El Procurador General de la Nación, amigo personal del presidente y eje fundamental del Gobierno, ha declarado en su proyecto de libro biográfico que hace dos años estuvo a punto de renunciar por peleas permanentes con subalternos de la Casa Blanca.

El ministro de Defensa y su grupo de inteligencia, que a pesar de no estar de acuerdo con el ingreso del homosexualismo político a las Fuerzas Armadas, y tampoco con las guerras e intervenciones militares extranjeras, ha apoyado los planes del Presidente. Ellos han dicho al Congreso que cumplen órdenes del presidente Obama, quien es su jefe máximo, aunque no las compartan.

El ministro de Defensa anterior, Gaytes, y aun Paneta y los militares asesores estuvieron contra la guerra en Libia. James Clapper, Director Nacional de Inteligencia, se oponía por las consecuencias que tendría sobre la población civil, que puso más de cuarenta mil muertos.

La secretaria de Educación, segundo baluarte del Presidente, ha tratado de nacionalizar el sistema de educación, otro programa presidencial, pero ha encontrado el rechazo de los Estados. Los republicanos en el Congreso defienden una teoría contraria, que se fundamenta en la descentralización y privatización del sistema.

Por otro lado, están los otros secretarios, incluyendo la secretaria de Estado, Hillary Clinton, quienes tienen limitado el ingreso a la Casa Blanca y solamente pueden entrevistarse con asistentes del primer mandatario. Según el comentarista del Washington Post, Obama solamente habla en forma directa con Defensa y Educación. Los otros secretarios están relegados a un segundo plano.

La secretaria de Estado, Hillary Clinton, vive exiliada, tiene su residencia y domicilio en el exterior, cumpliendo órdenes que el Presidente le da a través de sus asistentes. Rara vez se encuentra en el país. El distanciamiento entre Obama y Hillary Clinton es un tema públicamente conocido, pero no reconocido ni aceptado, hasta hace pocos días,

La animadversión del presidente Obama contra la señora Clinton puede justificarse. Obama la nombró como Secretaria de Estado contra su voluntad, después de la fuerte presión ejercida por el movimiento demócrata de Bill Clinton, que en la convención accedió a la nominación de Obama para la Presidencia, ya que sin esos delegados nunca hubiera podido ser Presidente, pues no tenía los delegados necesarios para ser nominado. Ese proceso político en la convención demócrata fue público. Por otra parte, es difícil para el Presidente olvidar las acusaciones que le indilgaba la señora Clinton en las primarias, cuando en los debates en la televisión sugería que el candidato Obama tenía negocios con Tony Rezko, el intermediario o lobista político más corrupto de Chicago.

Obama es irresponsable y alarmista dice el Washington Post

"Obama es irresponsable y alarmista, y ha creado el desorden, dice el Washington Post en editorial de Octubre 9 del 2010,

En ese editorial, el Post, diario demócrata, comenta las criticas agresivas, sin fundamento, que el presidente Obama hizo contra la Cámara de Comercio de Estados Unidos, que insatisfecha por sus ataques permanentes a las corporaciones y negocios comerciales, resolvió apoyar a los republicanos en las elecciones legislativas de Noviembre del 2010, que, finalmente, impusieron sus mayorías en la Cámara, que los demócratas venían ejerciendo desde el 2007.

"The Gusher of secret Money pouring into the coming election is alarming. It should be plugged for future campaigns - and could be with the switch of a senate vote or two, but the rhetoric about this development from president Obama on down is irresponsible" and alarmists. And the popular understanding of who this MESS arose - generated by the president and other democrats and abetted in part by media reports – is ill informed....Just this week we learn that one of the largest groups -Chamber of Commerce- paying for this adds regularly takes in money from foreign corporation, the president said last week. So groups that receive foreign money are spending huge sums to influence Americans elections"

"But Bruce Josten the Chamber's chief lobbyist told the new York Times that the Chamber's 115 affiliates pay less than $100 mil dollars in membership dues out of a total budget of $200 million."

Los noticieros CNN – demócrata- y FOX – republicano-, del Sábado y Domingo 9 y 10 de Octubre, del 2010, coincidieron con el Washingotn Post, y simultáneamente dijeron que los americanos consideraban que el gobierno Obama es incompetente y su prestigio público presidencial había bajado en la opinión pública del 70% al 45%, al mismo nivel actual del presidente Bush, a quien Obama considera el autor y el responsable de todos los males de su gobierno.

Obama is going to far.
Obama, musulmán extremista?
El New Yorker

Obama gobernará con su propia ideología, es el título de la caricatura de Julio del 2008, del semanario demócrata, Magazine New Yorker, donde hace un análisis político de la personalidad del candidato presidencial Barack Obama, de su plan gubernamental, de su esposa Michelle, de su asesor espiritual Jeremías Wright.

El terrorismo es el objetivo principal de la caricatura y presenta dos situaciones conflictivas en diferentes continentes, relacionadas con Al-Qaeda y las FARC de Colombia.

El presidente Obama es identificado en la caricatura, claramente, como musulmán extremista, usando sandalias, bata, turbante y demás elementos de uso personal de los musulmanes, religión que defendía el terrorista Bin Laden, a quien el presidente Obama mandó ejecutar el 1º. de mayo del 2011. Según encuestas nacionales todavía hay un 30% de los residentes americanos que creen que el senador Obama pertenece a la religión musulmana.

Michelle simboliza en la caricatura a una guerrillera que porta una metralleta, cinturones repletos de municiones y botas de caucho. La indumentaria se refiere a Piedad Córdoba, una imaginaria revolucionaria que defiende políticamente el movimiento guerrillero de las FARC, que opera en Colombia con acciones similares a Al-Qaeda.

Piedad Córdoba es una senadora afrocolombiana que ha sido clave en algunos diálogos de paz con el movimiento terrorista FARC, pero los políticos de derecha y los cuerpos de inteligencia la consideran cómplice de los terroristas.

La senadora Córdoba es conocida ampliamente dentro del caucus afroamericano y el grupo demócrata del Congreso americano denominado socialista. Cuando el partido demócrata tenía la mayoría del Congreso entre el 2007 y el 2010, la senadora Córdoba y otro político colombiano de apellido Petro, entraban y salían en la Cámara de Estados Unidos, como Pedro por su casa.

La semana anterior a la publicación de la caricatura, la senadora Córdoba había sido detenida en el aeropuerto de Nueva York por los cuerpos de inteligencia de Estados Unidos y la prensa había cubierto la noticia como un hecho racista del gobierno americano.

El armamento y la ropa de campaña que lleva Michelle son elementos que usan los guerrilleros colombianos. La modalidad de cargar los rifles entrelazados sobre los hombros de Michelle y los cinturones cruzados, repletos de municiones, para dejar las manos libres con el fin de poder sortear obstáculos y cruzar riachuelos son esenciales para poder desenvolverse militarmente en las selvas colombianas. La botas de caucho a la rodilla es otra particularidad de los terroristas colombianos que actúan en aéreas cenagosas. Los terroristas islámicos no usan botas de caucho, debido al calor del área abierta en que generalmente se despliegan. Los guerrilleros musulmanes usan sandalias o botas al talón, que les permite transitar por las montañas escarpadas de Afganistan y Pakistan.

La frase "Obama is going to far..." cuya traducción literal es "Obama piensa ir lejos, en sus programas" es presuntamente una parodia para referirse a las Farc de Colombia. Si el caricaturista hubiera querido darle a la frase un sentido literal diferente hubiera utilizado el adverbio "too" que, en general, significa cantidad, o ir más lejos de los normal. En cambio, la preposición "to" , equivalente en esta frase a la preposición en español, "a" "para" "hacia" o dirección a, acción, no significa cantidad.

La incineración de la bandera de Estados Unidos, en la caricatura se hace en la chimenea de la Casa Blanca. Esa es una crítica a los demócratas, quienes sostienen la teoría que quemar la bandera de los Estados Unidos es un principio de libertad de expresión. Los republicanos han propuesto sancionar la quema de la bandera de este país como un crimen de lesa patria, sancionado como una felonía. Quemar la bandera nacional es un acto que es sancionado, inclusive, con la pena de muerte por traición a la patria en muchos países.

El doble juego presidencial
Pragmatismo, Flip Flop o Play it safe

Adaptar las decisiones administrativas a las circunstancias de tiempo y lugar, según su conveniencia personal y política es una metodología generalizada en el actual gobierno. La ejecución de las decisiones de la Casa Blanca depende del efecto positivo o negativo que produzcan en la comunidad. Este sistema de contradicciones y rectificaciones es denominado por los críticos como Flip –Flop. El presidente lo llama "pragmatismo" y los funcionarios públicos lo denominan como play it safe (Juegue seguro).

Pragmatismo y mitomanía

Algunos escritores identifican el pragmatismo con la mitomanía. El pragmatismo comprende varios elementos: la mentira o la verdad, según la interpretación del resultado de las ideas o afirmaciones.

El Emperador Carlos VII inventó la teoría del pragmatismo para beneficio propio y de su descendencia. Charles Sanders desarrolló la teoría del significado de las frases, dependiendo del resultado de la acción. El "significado de una idea debe encontrarse en la sensibilidad de los efectos". Para Darwin "lo que es verdad para una persona en una época o tiempo puede ser una mentira para otro. Lo que es bueno o malo o verdadero o falso depende del resultado." Desde el punto de vista científico el pragmatismo debe ser el resultado de diferentes investigaciones técnicas dentro de una comunidad.

La doctrina del obamismo se centra en acusar a terceras personas como autoras de sus propios errores, para evitar ser acusado, cambiar el sentido de las afirmaciones de acuerdo con la conveniencia y jugar con el significado de las palabras y de las frases. Durante cincuenta años, Fidel Castro acusó todos los días para tergiversar la verdad, desorientar a la opinión pública y tapar los crímenes cometidos en su dictadura. El método de acusar primero en forma agresiva crea miedo y desarma a la víctima cuando intenta preconizar el derecho a la verdad.

Pragmatismo económico

El Washington Post, el Washington Times y periodistas de ambos partidos critican al presidente por su permanente cambio de ideas y programas, actitud que mantiene desorientada la opinión pública. Estos cambios se conocen en el medio ambiente político de Estados Unidos como "pragmatismo" o flip flop, o cambio de posición política, según los efectos negativos o positivos de las decisiones. El gobierno, en cambio, llama sus contradicciones un "juego administrativo seguro" (play it safe).

El sistema del pragmatismo o flip flop lo utilizó durante su campaña presidencial en el 2008 contra Hillary Clinton, después contra McCain, y lo ha puesto en práctica durante todo su gobierno, culpando de su incompetencia al presidente Bush y acusando a los republicanos de todas las deficiencias de su gobierno.

Estímulo económico en el 2010. Las pautas de su gobierno para el período del 2010 que el señor presidente Obama sometió a consideración del pueblo americano para fortalecer su apoyo al Plan de Estímulo Económico, el día lunes 9 de Febrero del 2010 ,a las ocho de la noche, desde la Casa Blanca, ha sido objeto de comentarios a favor y en contra, por parte de los estadinenses y la totalidad de los medios de comunicación.

Según el Washington Post y el Wall Street Journal, el Presidente declaró que "el trabajo de ahorrar y crear empleo es más importante que cultivar la cooperación bipartidista", la cual ha negado en su gobierno, a pesar de que hizo su campaña política prometiendo traer a Washington la integración entre todos los americanos; Obama presionó el plan masivo de estímulo económico, empleando su procedimiento a través del congreso demócrata, aduciendo que la "inacción podría convertir una crisis en una catástrofe" y rechazó la crítica de los republicanos acerca de los efectos negativos de la legislación en el déficit fiscal", afirmando "que la deuda se había incrementado durante la supervisión del gobierno anterior" y no durante su gobierno, que la ha elevado a 16.5 trillones de dólares y convocó a "los legisladores a separarse de las rigidez ideología política de la oposición", la cual el ejerce ciento por ciento; afirmó que, "yo no puedo aceptar ver al Congreso jugar los mismos juegos políticos", que él ha impuesto en el Congreso a través de su súbdita, la señora Pelosi, entre el 2007 y el 2010 ; presionó el apoyo al paquete de estímulo de 900 billones, solamente con apoyo de tres republicanos, parte del cual se utilizó en subsidiar empresas nuevas del medio ambiente, varias de las cuales se han quebrado o han venido a la bancarrota, comenzando por Solindra, una compañía auspiciada directamente desde la Casa Blanca; repetidamente "hizo énfasis en la necesidad de tomar una acción agresiva, trazando su plan "en contra de aquellos que no hacen nada para ayudar un pueblo desesperado", celebrando cientos de contratos y dando subsidios; "hacer nada no es una opción desde mi perspectiva", pero el Presidente no ha hecho ningún plan económico constructivo para bien del país y, en cambio, ha dedicado su periodo presidencial a fortalecer su movimiento político, apoyando los sindicatos contra los empresarios, justificando el ingreso de indocumentados al país, persiguiendo a los Estados e incentivando el matrimonio entre homosexuales, que es rechazado por todas las iglesias y la mayoría del pueblo americano.

El tono agresivo de la voz del Presidente fue completamente diferente al tono tranquilo, humilde, permisivo, de integración nacional, que utilizó durante su campaña presidencial.

El Washington Post en su editorial del 5 de Febrero dijo que "Por otro lado, el presidente Obama reta a los críticos del Plan de Estímulo de 900 billones de dólares, presentado ante el Congreso, acusando a los críticos de "vendedores ambulantes" o saboteadores", la misma fracasada teoría que nos condujo hacia la presente crisis, y a la vez presionando a la oposición, con la afirmación, de que si no hay una rápida decisión, nuestra nación caerá en la profundidad de una crisis que hasta cierto punto nosotros no seriamos capaces de reversar. Siendo esta una verdadera referencia a los republicanos, ésta es la iniciación de su anterior énfasis sobre el concepto de bipartidismo. La ideología no es la única razón por la cual los senadores de ambos partidos están resistiendo y se oponen contra el plan del presidente Obama. Como se desprende de lo expresado por la Cámara, "el plan sufre de confusión en sus objetivos."

Pragmatismo, según Jonathan Weisman del Post

El comentarista Jonathan Weisman, del periódico Washington Post, escribió un artículo hace virios días, en la misma época del plan de subsidio económico, y comentaba que el pragmatismo político del senador Obama es un flip flopping, y agregaba que Obama "ha apoyado un compromiso sobre espionaje, protegiendo a las corporaciones telefónicas, al que se oponía hace cuatro meses. Los cambios del senador no tienen antecedentes.

"En una variedad de hechos ha cambiado su opinión, incluyendo el tema relacionado con el control de armas, las regulaciones establecidas para el financiamiento de las campañas y la aprobación de las grabaciones secretas a los ciudadanos, llamadas "wiretapping".

Según el comentarista Weisman, "el senador republicano Sam Brownback decía que el senador era muy liberal en las primarias, pero se ha movido a ser conservador en las elecciones generales... yo le daría una bienvenida a ese cambio, pero a mí me parece que este cambio de posición, o es falta de experiencia o es una actitud increíble de flipflopping" o pragmatismo.

Según el comentarista Waisman, el demócrata David Serota, autor del libro Uprising (Insurrección) dice que "el electorado está acostumbrado a retribuir a los políticos que asumen posiciones claras. Los electores miran una cosa y se preguntan: ¿será que este amigo- Obama- cree en algo? ¿Este amigo tiene miedo de su propia sombra?

Agrega el escritor Serota que "McCain había tenido algunos flipflopps con relación al recorte de impuestos, a la exploración de petróleo, a la detención de terroristas y los métodos de interrogarlos, pero la diferencia es que cuando McCain cambia de criterio, defiende su nueva posición en forma afirmativa y decidida, en cambio el senador Obama enreda la afirmación con vaguedades". El senador ha asumido una doble posición frente al NAFTA de México y el tratado de Libre Comercio con Canadá, Colombia y Corea del Sur.

El presidente Barack Obama contra el candidato Herman Cain

..../

Manipulaciones y artimañas de la política sucia

El papel de la prensa en las elecciones de Estados Unidos

El sexo y la política

Con Herman Cain, Estados Unidos perdió un gran presidente

..../

El obamismo contra
el candidato presidencial
Herman Cain

Diciembre 2 de 2011

¿Quién es Herman Cain?

Es un líder empresarial estadounidense, afroamericano, de origen humilde, criado en un orfanato, humorista, orador, expositor, economista, apolítico y candidato a la Presidencia de la Republica de Estados Unidos, en representación del Partido Republicano.

El misterio de su triunfo en la vida ha sido la lucha individual como medio de superación en la sociedad. Se precia de no usar el telepronter y el computador para expresar sus ideas capitalistas con naturalidad, hecho que lo diferencia del Presidente Obama, también afroamericano, con ideas socialistas.

Su pecado: competir por la Presidencia a otro afroamericano.

Herman Cain era un empresario particular y no un empleado público, presidente de la Asociación Nacional de Restaurantes, en la época en que ocurrieron los supuestos hechos de acoso sexual de que se le acusa.

Metodología política obamista.

La metodología política del gobierno que preside Barack Obama es crear las causas y acusar a terceros como responsables de los efectos. Desprestigiar al contendor y atacarlo a través de los medios masivos de comunicación es el sistema complementario que usa el grupo presidencial contra quien no comparta sus ideas.

La parcialidad de la prensa obamista contra Herman Cain ha sido apasionada. Inclusive, el programa independiente de Piers Morgan, de CNN, fue forzado a darle publicidad a las teorías de la tercera acusadora, señora Ginger White. El objetivo fue muy claro. Destruir el único candidato, afroamericano, que con certeza absoluta vencería al Obama en las elecciones presidenciales. Herman Cain en un par de meses demostró su superioridad frente al presidente, en todos los aspectos de la ciencia, la economía, y la cultura. El egoísmo, la ambición y el narcisismo eliminaron al único dirigente, afroamericano, que, sin resentimiento étnico, tenía el poder innato de salvar un país que está siendo conducido hacia el desorden, la anarquía y la destrucción institucional.

Diferencias doctrinarias entre Caín y Obama

Obama, demócrata y Caín, republicano, con ideales totalmente opuestos.

Si Herman Caín es el candidato oficial a la Presidencia, Obama no tendría ninguna posibilidad de ser reelegido. Los hechos son evidentes.

El Partido Republicano unánimemente, el Tea Party, los independientes, los industriales, los comerciantes, la poderosa Asociación de Restaurantes, más la mitad de los afroamericanos votarían por Caín.

Los programas e ideales entre los dos candidatos son diametralmente opuestos. El estilo de Caín es elegante, sencillo, respetuoso, su defensa del capitalismo lo hace sin incitar al racismo, ni al odio, ni al rencor entre los americanos. El presidente Obama se comporta en forma diversa y sus discursos siempre conducen hacia la división, el resentimiento y la anarquía. Todos los medios de comunicación creen que sufre de narcisismo.

Herman Caín es cristiano y cree que el nombre de Dios debe iluminar los destinos de la patria y en cambio el presidente y su partido demócrata han excluido el nombre de Dios de todos los actos gubernamentales.

El señor Caín protege la institución del matrimonio natural entre hombre y mujer, mientras el presidente está buscando la inconstitucionalidad de la Ley Doma, que defiende el matrimonio entre un hombre y una mujer, para legalizar, en cambio, el matrimonio entre homosexuales, conducta social que es rechazada por todas las religiones, inclusive la musulmana.

El señor Caín respalda la educación privada de los afroamericanos y el presidente Obama se opone. El Presidente y el Congreso, con mayoría demócrata en el 2010, conjuntamente, negaron a la ciudad de Washington una partida presupuestal federal, destinada a otorgar becas para niños afroamericanos pobres, (Sistema Vouchers), que se venía concediendo durante varios años, en el gobierno del presidente Bush.

Herman Caín cree que la lucha por la superación debe ser individual, contra los lineamientos del Presidente y los líderes políticos afroamericanos demócratas que prefieren la lucha racial de grupo para alcanzar del Estado sus derechos.

Caín defiende el derecho a la libertad empresarial, a la propiedad privada, a la inversión extranjera, al libre comercio internacional y al libre juego de la oferta y la demanda, como únicos medios de formar empresas, desarrollar el país y crear empleo. El presidente Obama no comparte estos principios y prefiere el intervencionismo estatal en todas las actividades económicas, sociales y aun privadas, siguiendo el sistema político administrativo de la ciudad de Chicago, donde creció. Piensa que solamente a través de los contratos de obras públicas se crea empleo y se desarrolla el país.

Análisis sico-jurídico del "acoso sexual verbal"

Las corporaciones prefieren hacer transacciones extrajudiciales por acusaciones falsas contra directivos empresariales para evitar procesos judiciales que demoran años y causan costos y crean desprestigio a la empresa.

Washington - Noviembre 28-2011.

Acusaciones falsas contra Herman Caín

Los periodistas Thompson and Davis describen a Herman Caín como "as a boss casual and open to after hours socializing", un jefe sencillo, amistoso y socializador con sus empleados subalternos, después de las jornadas laborales.

Ninguna de las acusaciones contra Herman Caín por verbal harassment o acoso sexual, equivalente a charla verbal sexual sugerida, fueron probadas. La acusación es usada individualmente por ciertas empleadas para conseguir dinero de las empresas sin mucho esfuerzo laboral. Cuando un hombre entra en una charla sexual sugestiva, la mujer honesta lo rechaza, lo elude o se distancia. Si hay charla sexual es porque la mujer lo permite.

La escritora Suzanne Fields, en la página literaria del Washington Times, con fecha 3 de Noviembre del 2011, hace un análisis comparativo de lo que constituye el verdadero "harassment" -acoso sexual- el cual ocurre cuando existe una relación de dependencia laboral directa entre el acosador y la víctima, o una subordinación de la víctima a su superior. La charla verbal sexual, permitida espontáneamente, en la mayoría de los casos por reciprocidad femenina, por flirteo e insinuación sexual de las mujeres, o entre dos personas independientes autónomas, no constituye acoso sexual.

El ejemplo de un hecho de acoso sexual para la comentarista es el acto sexual realizado en el escritorio de una oficina de la

Casa Blanca entre un presidente y una estudiante, empleada subordinada, que buscaba mejorar su empleo. El actor fue acusado, pero absuelto por el Congreso, de mayoría demócrata.

Hipótesis falsa con veneno político

La acusadora Sharon Bialek, protegida por Axelrod, gerente de la campaña de Obama.

Primera versión. Acoso sexual en un automóvil. La señora Bialek, después de quince años, presenta dos hipótesis totalmente contradictorias. Con la primera hipótesis, inmoral, cruel y repleta de odio racial, concebida con sevicia política, producto de una fantasía sicológica ambicionada, con fecha de Noviembre 7 del 2011, tratando de buscar el apoyo del gobierno de Obama para reivindicarse económicamente, inventa una acusación y, rodeada de abogados y asesores políticos, se presenta en la televisión, propinándole al candidato republicano afroamericano Herman Cain, competidor del presidente Obama para la Presidencia, un golpe mortal, que lo derribó del primer puesto de las encuestas y lo pasó al último peldaño de la opinión pública.

Cuenta la acusadora que estando en Washington, en tránsito, procedente de Chicago, se encontró con el señor Caín, con quien tenía una cita y que cuando viajaban los dos en un automóvil, él le "puso la mano izquierda sobre los genitales, con la mano derecha le presionó la cabeza hacia el piso, forzando un acto oral, mientras conducía, lo que representaría una clase rara de octopus con tres manos.

"She said: Cain forcefully touched her, putting his hand up her skirt, reaching for her genitals and pushing her head down forward his crotch, at the same time telling her that if she did not accept the sexual act in the car, she could not get the job." Washington Post.

Segunda versión. Encuentro en el Hotel Hilton de Washington. La anterior versión estaba escondiendo la realidad de un encuentro consensual, donde no hubo relación sexual, según la señora Bialek. Dos días después de las declaraciones dadas a la Televisión, que estremecieron el país, los periodistas Thompson y Amy Gardner y un grupo de investigadores del Washington Post descubrieron que en Julio del 1997 la señora Bialek había dormido en el hotel Hilton de Washington en una suite presidencial, reservada y pagada por el señor Caín, suite que la señora Bialek identificó, con palaras textuales o sexuales, como un "Palatial Suite", una suite para reyes o princesas. Y la señora Bialek agregó que el señor Caín le había dicho que le había pagado la mejor suite del hotel para reconocerle su importancia - "to upgrade you"-, hecho que destruye objetivamente la primera versión en el sentido de que la cita no fue en un automóvil, sino en un hotel.

Esta versión publicada dos días después del escándalo televisivo, que destruía la corrupta imaginación política de esta mujer, apareció en el periódico, pero en letra menuda, casi oculta y escondida dentro del escándalo, sin que ningún medio de prensa se atreverá a comentar o publicar para reivindicar, en parte, el prestigio del señor Caín.

Triunfo de la falacia política

"In July 1997, she called Mr., Cain from Chicago, who agreed to meet her in Washington. in the Hilton Hotel. She moved from Chicago to Washington. She said her boyfriend booked the room at the Washington Hilton.(but it was paid by Mr. Cain). When Bialek checked into the hotel, she found she had been given a "palatial" suite. But when she met Cain in the lobby, Mr. Cain asked her how she liked her room and Mr. Cain added, I upgraded you", she said". Washington Post, 2011, November 8, page 6, column fourth Gardner and Thompson.

En la primera versión, que causó estupor nacional, no mencionó el encuentro con el señor Caín en el Hotel, ni que estos gastos habían sido cubiertos o pagados por él.

La primera versión fue cubierta a nivel nacional por todos los medios de comunicación hablados, escritos y televisados. La versión del hotel, que destruye totalmente la primera, fue opacada, y el suscrito comentarista tuvo que leer la letra menuda del artículo con lupa para encontrar la segunda versión. Aquí puede observarse una falla moral y ética de los medios de comunicación en Estados Unidos, muy peligrosa para la democracia.

El objetivo de la primera versión era destruir las ambiciones presidenciales del contendor del presidente Obama para el nuevo periodo presidencial que comienza en el 2013.

Bialek y su testigo en quiebra económica

Los periodistas Krissah Thompson, Amy Gardner y los investigadores privados descubrieron, igualmente, en otra investigación, que la señora Bialek y el señor Zuckerman, a quien la señora Bialek presentó como su ex novio y testigo clave de su versión, ambos estaban quebrados económicamente y eran deudores morosos, perseguidos por la justicia por incumplimiento de sus obligaciones crediticias.

"Public records of Bialek' personal financial circumstance, shows a woman who has been intermittently in financial straits. She has file for Bankruptcy twice in 1991 and in 2001, and she has internal revenue tax lien of $ 5.176" Washington Post, November 8- 2011, page 6, column third. Amy Gardner and Krissah Thompson.

Ann Coulter agrega que Bialek debía en Noviembre ocho mil dólares por mora o retraso en pago de cánones de arredramiento de su apartamento en Chicago, en un edificio donde residía un famoso político obamista.

Zuckerman, el testigo de Bialek, es un timador, igualmente de Chicago, según el Washington Post.

Her witness, Zuckerman, her ex-boyfriend, 16 years ago from Chicago, is a perfect swindler. The facts show who this man is. Gloria Allred, attorney de oficio of Bialek said on T.V, that Bialek come forward no for personal economic reasons, and that Bialek had two witness, to prove her allegation, to whom she had told the story, 15 years ago, one his former boyfriend, Mr. Zuckerman and a business man from Chicago".

En la primera versión, Gloria Alfred, la abogada de Viales, presentó el testigo "Zuckerman como un pediatra de Chicago in good standing with no malpractice claims". Pero los periodistas en la investigation descubrieron que era un timador : "a review of courts records showed that Zuckerman listed nearly $573.000 in assets but more than $805.000 in liabilities. His debts include more than $183.000, in overdue lease payment and $50.000 in unpaid taxes, and tens of thousands in dollars in credits cards and other bank debts". Washington Post, November 15, 2011. -Krissah Thompson and Aaron C.Davis, Article first Page on Libya. Can anybody believe this cheater..-

Ginger White, difamadora en quiebra económica

La tercera acusadora, Ginger White, como las dos anteriores, tiene antecedentes de irresponsabilidad y de conducta fraudulenta. Ginger White apareció en público ante la prensa nacional, afirmando haber sido amante del señor Herman Cain por muchos años, pero que solamente tuvo una relación sexual con él en un hotel, que nunca identificó.

El señor John White, ex-esposo, dijo a los periodistas que la señora White ha tenido más de tres esposos.

Ginger White fue condenada por calumnia en un proceso instaurado por su amiga Kimberly Vay, su compañera de trabajo, y aceptó haber mentido, teniendo que pagar a la demandante una indemnización, incluyendo honorarios de abogados. La demandante, señora Vay, dijo que White se había retractado y había dicho que todas las acusaciones contra Vay eran totalmente falsas. White agregó que había difamado a Vay porque estaba furiosa y frustrada. "She came back and stated that everything she stated in the e-mail, against Mrs, Vay, was completely false. She admitted to making it all up out of anger and frustration. . She had to pay all the legal fees" .

Potencial delito de extorsión

El abogado del señor Cain demostró que en un solo mes, entre Octubre y Noviembre del 2011, la señora White remitió al señor Herman Cain, cuando ya era figura pública nacional, 70 mensajes a través de su celular, exigiéndole dinero. Requerir dinero a una figura pública para ocultar un hecho real o imaginario son elementos del delito de extorsión.

La escritora Suzanne Fields del Washington Time en su comentario titulado Sex, Lies and Politic, y el periodista Krissah Thompson, del Washington Post, en su informe periodístico de fecha de Noviembre 30, del 2011, dicen que las oficinas de impuestos de los Estados de Georgia y Kentucky le siguen a White procesos administrativos por evasión de impuestos y que, según informaciones de las cortes, las empresas arrendadoras de propiedad raiz le han seguido cinco juicos de lanzamiento por no pagar los cánones de arrendamiento.

Karen Krausharr resistió presiones. Obró con honestidad

Karen Krausharr es una obsesiva acusadora, quien trabaja para el gobierno federal y según los periodistas (James Grimaldi, W.Post. Nov 10, page 10) ha presentado tres acusaciones por acoso sexual verbal contra diferentes empresas. She is a Federal Employee, who has presented three complains for verbal sexual harassment against different organizations.

A pesar de que recibió múltiples presiones, la señora Kraushar no hizo públicas las acusaciones contra el señor Cain, demostrando honestidad y entereza.

En esta forma, a través de manipulaciones y artimañas poli-
tiqueras, las justas aspiraciones presidenciales del industrial
Herman Cain se vieron frustradas y, sin duda, Estados Unidos
perdió un gran Presidente.

Las diferencias religiosas de los candidatos Obama y Romney

Una Iglesia es igual a un sindicato de plomeros, según el gobierno del presidente Obama

El nombre de Dios
prohibido en los actos públicos

Defendiendo las tesis del presidente Obama en un debate jurídico ante la Corte Suprema de Justicia en el caso Hosanna Tabor, Iglesia Luterana vs Comisión Nacional de Empleo, fallado contra el gobierno por unanimidad, el representante personal del Presidente, en su memorial de apoyo jurídico, alegaba que "la Primera Enmienda de la Constitución, no daba ninguna autonomía a las Iglesias para nombrar sus propios ministros, por lo cual debían someterse a los sistemas trazados por la Comisión de Empleo.

El derecho de libertad de asociación para enseñar sus doctrinas es similar a la facultad que tiene un sindicato de plomeros para seleccionar su representante en un campeonato semanal de bolos. "Religions want to make it just another freedom of association case as if whom to employ to teach a church's doctrine is not more remarkable than the decision of a local Plumber Union on who should represent it on a weekly bowling tournament".(Fuentes de información: Corte Suprema de Justicia y Maggie Gallagher, de la Organización Nacional para la Defensa del Matrimonio.

Este es el pensamiento del gobierno con relación a la Iglesia Cristiana, descrito en un memorial de apoyo jurídico, presentado por el representante personal del presidente Obama ante la Corte Suprema de Justicia en el caso de la Iglesia Luterana.

Ofensa al cristianismo

El presidente comenzó su rechazo al cristianismo suprimiendo el Día nacional de la oración, que se venía celebrando en la Casa Blanca desde hacía más de ochenta años.

El día nacional de la oración fue convertido en un ente político del partido demócrata por el presidente Obama. En un auditorio demócrata, con capacidad para tres mil personas, el 2 de Febrero de 2012, veinte días después de atacar las doctrinas de la Iglesia Católica y de la Iglesia Luterana, cuyos principios cristianos fueron recuperados por orden de la Corte Suprema de Justicia, el Presidente en su discurso político dijo que, de acuerdo con la interpretación de la Biblia, sus creencia cristianas lo habían movido a exigir más impuestos a los ricos.

"Para mí, en mi condición de cristiano coincido con las enseñanzas de Jesucristo, que dicen que aquellos que tienen más, deben dar más". - "For me as a Christian, it also coincides with Jesus teachings, that for unto whom much is given much shall be required". Obama fue tremendamente aplaudido por el auditorio demócrata.

Jesucristo también enseñó que la opulencia y la disipación del dinero del pueblo por los gobiernos era inmoral y constituía pecado mortal. Por otra parte, Jesucristo nunca hubiera conseguido dinero prestado de un comunista, como lo ha hecho el Presidente con China al celebrar contratos y dar subsidios a corporaciones amigas, como Solindra, dinero despilfarrado, que ha elevado por primera vez en la historia del país la deuda externa a 16 trillones de dólares, los que, finalmente, tendrá que pagar el pueblo americano.

Billy Graham dudaba del cristianismo de Obama

Agregó el presidente Obama: Yo me arrodillo con mucha regularidad, desde el momento en que conocí al evangelista

Billy Graham, solicitando a Dios guías para conducir mi vida personal y mi camino cristiano, y también por la vida de la Nación". - "I have fallen in my knees with great regularty since that moment meeting evangelist Billy Graham, asking God for guidance not just in my personal life and my Christian walk but in the life of this Natión.

Como se puede deducir, es una impresionante composición política en vísperas electorales.

Billy Graham, en un reportaje en el Canal 72 de Televisión, en el Noticiero Nacional FOX, ante el presentador Hannity y Greta dijo que dudaba del Cristianismo de Obama.

Se recuerda que en su condición de senador demócrata fue partidario de suprimir el uso del nombre de Dios de todos los actos públicos y principalmente del lema "Lealtad a la Patria" representado en la bandera.

Obama revuelve política con religión

El escritor Charles Krauthammer, comentarista del Washington Post, en la edición del 17 de Enero de 2012, dijo: Den al "Presidente puntos por ser muy inteligente. Su decisión de utilizar un juego político al ordenar el control de la natalidad a la religión caótica, le dio un triunfo político, pero sin ningún sentido práctico. Solamente fue un truco por el cual ordena a la Iglesia Católica y a otras religiones a proveer artefactos abortivos para ejecutar el control de natalidad, todo lo cual viola la santidad de la doctrina de la iglesia " Give him point for cleverness. President Obama birth control accomodation was a politically successful as it was morally meaningless. It was nothing but an accounting trick that still forces catholic, and other religions, institutions to provide medical insurance that guarantees free birth control- abortifacients- all of which violate church doctrine on the sanctity of life .

Obama copia las tácticas políticas de Chávez

El comentarista compara la decisión del presidente Obama con la metodología del dictador Chávez, en cuanto a política acomodaticia y dice: "En Venezuela este sistema es utilizado todo el tiempo. De pronto, podríamos llamar al presidente Obama, acomodaciónista presidencial o adaptacionista. " This is government by presidencial fiat. In Venezuela that is done all the time. Perhaps we should call Obama's accommodation presidential"

Mitt Romney, cristiano de nacimiento

Jesucristo es hijo de Dios. Creo en el misterio de la Santísima Trinidad. El Padre, el Hijo y el Espíritu Santo son una misma persona, ha sostenido Mitt Romney desde que tiene uso de razón. El cristianismo ha sido un principio religioso en su familia desde hace más cien años.

Jesucristo es Hijo de Dios y el Salvador de la humanidad, expresó el candidato republicano Mitt Romney en un discurso en la campaña presidencial anterior, en la biblioteca del ex presidente George W. Bush, el 6 de Diciembre, en College Station, en el Estado de Texas y ha ratificado su fe en la religión cristiana en su nueva campaña contra el candidato Barack Obama.

El candidato Romney, como su padre, ha sido presidente de su comunidad religiosa y es miembro activo de la Iglesia de Jesucristo, que practica el sistema religioso llamado el Mormonismo, que reúne, aproximadamente, a seis millones de feligreses en Estados unidos.

Su padre nació en México, donde residieron sus abuelos asilados, evadiendo la persecución que contra su religión se estaba presentando en Estados Unidos

Joseph Smith fue el creador de la Iglesia de Jesucristo en New York, en 1830. Según su libro, fue Jesucristo, el Hijo de Dios, quien le dio la revelación espiritual y los principios doctrinarios del Mormonismo y doce apóstoles emigraron de Jerusalén a América para anunciar sus postulados.

En Nueva York y en otros Estados sufrieron persecución por diversas razones. La unidad colectiva decisoria de sus comunidades les dio fuerza política en asuntos administrativos y gubernamentales. Pero es la poligamia, la que fue originalmente practicada por algunas de sus asociaciones, la estructura interna del Mormonismo que no ha aceptado el sistema tradicional religioso de Estados Unidos y que causó el asesinato de su creador, Joseph Smith en 1844.

Brigham Young, jefe de la Iglesia de los doce apóstoles, remplazó al señor Smith y se estableció desde esa época en el Estado de Utah, desde donde se orienta todo el Mormonismo de Estados Unidos.

En 1862, el Congreso aprobó la ley antibigamia para atacar la poligamia y la Corte Suprema de Justicia la respaldó en 1870. Oficialmente, los mormones eliminaron la poligamia en 1890, pero algunos grupos disidentes todavía la practican. El templo más famoso de los mormones, de arquitectura gótica, se encuentra en la ciudad de Salt Lake, en Utah.

El bautismo, a diferencia de los católicos, se hace después de los ocho años. Creen en la inmortalidad del alma y en la resurrección individual. Los miembros pudientes económicamente pagan una contribución para ayudar a los pobres de la comunidad. La mayoría de los jóvenes tienen que prestar dos años de servicio misionero, después de terminar su bachillerato.

El planteamiento religioso integral, que se enclaustra en el principio de la Divina Trinidad, es identificarse con las iglesias cristianas, principalmente con los evangelistas y los católicos, como lo ha predicado Mitt Romney.

Los evangelistas tienen una estructura disciplinaria semejante a la de los mormones, pues sus principios religiosos priman sobre la decisión política de sus miembros individualmente.

Por su parte, la religión católica debe estar muy satisfecha de que el líder del Mormonismo acepte públicamente la teoría de que el Hijo, el Padre y el Espíritu Santo son una misma persona.

La defensa del matrimonio entre un hombre y una mujer, la oposición al aborto y al homosexualismo son tres principios de la agenda política del candidato Romney, que defiende integralmente la religión católica. Pero, en contraste con el Evangelismo, en la comunidad católica prima la concepción política de cada uno de sus fieles sobre las orientaciones doctrinarias que da el Papa desde Roma.

Si el candidato Romney logra convencer a las diferentes agrupaciones de católicos y baptistas, puede convertirse en el primer presidente Mormón en la historia de Estados Unidos.

Obama contra católicos y luteranos

Ordena a la Iglesia Católica practicar el control natal.

Plan sindicalista para dividir a los católicos.

El Obama de hace tres años y el de hoy

Persecución a las iglesias cristianas

"Esta no es la clase de sensibilidad que el presidente Obama mostró cuando habló aquí" en la Universidad Notre Dame, en el 2009.

"This is not the kind of sensible aproach the president Obama had in mind when he spoke here"., dijo el sacerdote John Jenkins, rector de la Universidad Notre Dame, en Febrero del año 2012, refiriéndose a los recientes ataque que el presidente Obama está ejerciendo contra la Iglesia Católica, tres años después de su visita oficial a la Universidad, en el 2009, que fue objetada por la Iglesia Católica, por asumir que el Presidente no era cristiano, criterio fundamentado en sus antecedentes religiosos.

Funcionarios de la Casa Blanca han dicho, específicamente, que la Universidad Notre Dame y el Hospital Universitario están obligados a cumplir la reglamentación del control de la natalidad, expedida por el Gobierno. Estas declaraciones se han considerado como una retaliación presidencial por el rechazo que los católicos presentaron a la visita que el Presidente efectuó a la Universidad Notre Dame en el 2009 y que hoy causa el comentario del rector Jenkins contra el Presidente.

Durante los últimos meses del 2011 y primeros del 2012, el presidente Obama se ha dedicado a perseguir a las Iglesias cristianas, en forma obsesiva, dictando regulaciones administrativas que limitan la libertad de culto, garantizada en la Primera Enmienda de la Constitución de Estados Unidos para todas las instituciones religiosas.

Ataque a la Iglesia Luterana
Gobierno viola la Constitución Nacional,
dice la Corte Suprema

Resolviendo un caso de interferencia en la fe de la Iglesia Luterana, en una situación exactamente igual, por violación a la libertad de religión, la Corte Suprema de Justicia hace pocos meses en el caso de la Iglesia Luterana vs Comisión de Igualdad en el Empleo, derogó otra reglamentación del Gobierno por violar la Primera Enmienda de la Constitución Nacional, al limitar el derecho y autonomía que tienen las organizaciones religiosas para seleccionar y nombrar sus pastores, ministros y funcionarios.

El Gobierno tiene certeza que esta interferencia en la religión Católica, igualmente, como sucedió contra la Iglesia Luterana, sería declarada inconstitucional, así que es fácil concluir que la intención del Presidente de violar la Constitución por segunda vez, en un corto periodo, tiene un objetivo político- sindical- reeleccionista -.

Control natal en la Iglesia Católica

El 20 de Enero del 2012, el gobierno hizo pública una reglamentación de una de las miles de cláusulas secretas de la Reforma de Salud, ordenando a las iglesias cristianas y a sus instituciones anexas, tales como universidades, hospitales y organizaciones sin ánimo de lucro, la obligación de proveer a sus empleados toda clase de anticonceptivos, métodos y elementos de esterilización y drogas químicas abortivas para controlar la natalidad, principio que ha rechazado la Iglesia por dos mil años.

El gobierno expidió esa reglamentación, coincidencialmente, tres días antes de que los jóvenes cristianos se reunieran en Washington, la capital, para celebrar el año de la natalidad.

Objetivo: dividir la religión cristiana

El problema no es de anticonceptivos, ni económico. El problema es la intención del presidente Obama de atacar los principios doctrinarios de la religión cristiana, creando conflictos entre sus empleados y las organizaciones administrativas.

La decisión de usar anticonceptivos es una decisión personal, asumida por los católicos en forma individual, como parte de la vida privada, sin faltar a la lealtad de los principios generales del cristianismo.

Los anticonceptivos e instrumentos abortivos están al alcance de las mujeres americanas en forma gratuita en todas partes. Aun en los sanitarios públicos se encuentran anticonceptivos sin ningún costo. Por ello, la decisión del Gobierno no tiene otro objetivo que atacar los principios del cristianismo para fomentar un debate público que conduce, inexorablemente, a dividir la religión católica en fracciones de opinión divergente. Después de este ataque aleve, que ningún Presidente se había atrevido a ejecutar, será muy difícil para la Iglesia mantener una política de unidad social.

Buscando la reelección para el período que comienza en el 2013, después de llegar al poder elegido por votos de la población blanca del país, la cual siempre ha desconfiado, el principal programa del presidente Obama ha sido dividir el país en clases sociales, económicas, religiosas y sindicalistas, con el fin de formar un nuevo movimiento político con ideas trazadas específicamente por el Presidente, diferentes a los principios tradicionales de los dos partidos que operan en el país.

El fiip fiop de la Casa Blanca

A pesar de que el ataque contra la Iglesia es mundialmente conocido, la Casa Blanca ha expresado en Internet que el presidente Obama es cristiano y respeta la libertad de cultos.

Cada vez que el Presidente habla de igualar la sociedad, la divide. Cuando dicta normas, favoreciendo a las minorías, restringe los derechos de las mayorías. La solución ética de un gobierno es defender las minorías sin limitar los derechos de las mayorías.

Los obispos contraatacan
Republicanos y demócratas derogarán la ley

Los arzobispos Dennis Schnurr, de Cincinati; Richard Lennon. de Cleveland, y Leonard Blair, de Toledo, lo mismo que Donald W. Wuerl, el cardenal Theodore McCarrick, de Washingotn, y el cardenal Timothy Dolan, de New York, han anunciado que no cumplirán con las órdenes presidenciales por ser inconstitucionales, por violar la autonomía religiosa, la libertad de cultos y de conciencia, a la vez que han remitido circulares, acusando al Gobierno de intervencionismo a la libertad de culto, circulares que fueron leídas en los púlpitos de las parroquia de todas las iglesias cristianas del país.

Republicanos y demócratas
contra la interferencia en la religión

John Boehner, presidente de la Cámara, de mayoría republicana, ha dicho que el Congreso está listo para derogar las decisiones del Gobierno, con el fin de proteger la libertad religiosa, que protege la Primera Enmienda de la Constitución de Estados Unidos.

Por otra parte, Timothy Kaine, ex gobernador de Virginia y anterior presidente del Directorio Nacional Demócrata, al igual que muchos congresistas demócratas, en una conferencia política realizada el 8 de Febrero de 2012, en un programa radial, llamado WHRV, criticó el plan del Gobierno por interferir la Libertad de Religión y dijo que no estaba de acuerdo con la decisión del Presidente, la que calificó como un gran error.

Obama y los Homosexuales

El presidente Obama impulsa el matrimonio entre homosexuales y su reconocimiento y aceptación oficial en las Fuerzas Armadas.

Se legaliza el matrimonio homosexual en el Gobierno Federal.

De cincuenta Estados, solamente cinco lo aceptan.

El fortalecimiento del homosexualismo en Estados Unidos ha sido una obsesión del presidente Obama.

Los homosexuales en la campaña reeleccionista.

El homosexualismo
y el matrimonio cristiano

El presidente Obama ha establecido un nuevo evento nacional para celebrar la fecha en que el Congreso demócrata revocó la ley Don ask do not tell, que prohibía el activismo político del homosexualismo en las Fuerzas Armadas de Estados Unidos.

La primera fiesta de celebración de ese "día grandioso para la patria", según el gobierno, se cumplió el 26 Junio, en el auditorio del Pentágono, con una gran concentración, a la cual asistieron más de cuatrocientas personas en representación de los militares homosexuales.

El oficial Taner Gordon dijo que "tenemos que ser tan visible como podamos".

La prensa cuenta que el capitán Matthew Phelp, Marine Recruit Depot, uno de los coordinadores de las fiesta, quien siempre conservó su conducta en privado, decidió hacer pública su condición de homosexual y al contar su historia dijo que en Noviembre del 2011 había llevado a su novio a un baile de gala, con el que se celebraban los 236 años de nacimiento del cuerpo militar de la Marina, ubicado en San Diego.

Según informaciones del Pentágono, el número de homosexuales en las Fuerzas Armadas de Estados Unidos es de 66 mil.

La comentarista Lisa Rein, del Washington Post, escribió que en Junio, en otro homenaje, diferente al del Pentágono, el capitán Phelp había sido invitado de honor a un banquete en la Casa Blanca para celebrar el "Mes de Orgullo de los Homosexuales", a quien ubicaron en la mesa presidencial. El señor Phelp pasó de homosexual temeroso a presidir la ceremonia central, tomando champaña conjuntamente con el presidente Obama.

Es inexplicable que un gobierno desee alterar los métodos tradicionales de dirigir las Fuerzas Armadas, basados en la ética y la disciplina, por 66 mil votos para lograr una reelección presidencial.

El presidente Obama está a favor del matrimonio entre homosexuales, mientras el candidato republicano Mitt Romney, defiende la unión entre un hombre y una mujer.

Obama y el homosexualismo internacional

En Diciembre del 2011, el presidente Obama dijo que la defensa del homosexualismo internacional será un programa prioritario en su política exterior.

La Casa Blanca publicó un memorando presidencial, ordenando a todos los funcionarios del gobierno Federal en el exterior, en el ramo de la diplomacia y la Agencia Inernacional de Desarrollo, la obligación de promover y proteger los derechos de los diferentes grupos de homosexuales, que integran el llamado LGBT. En el memorando del presidente se ordena a los embajadores combatir los gobiernos de los países en que se cometan crímenes contra homosexuales.

Cumpliendo las órdenes presidenciales, la Secretaria de Estado, Hilary Clinton, pronunció un discurso sobre el tema en las Naciones unidas.

Esta política es rechazada enfáticamente por el cristianismo y el islamismo

El gobernador de Texas, Rich Perry, afirmó que el apoyo del presidente Obama al homosexualismo internacional es una intromisión en los asuntos autónomos de otros países.

Peter Sprigg, director de la organización Fammily Reseash, ha dicho que no hay ningún tratado o convenio internacional que acepte el homosexualismo como una conducta incluida en los derechos humanos.

Como es bien conocido, en Estados Unidos, los demócratas han politizado la conducta privada de los homosexuales con fines electorales. Las organizaciones homosexuales respaldan al presidente Obama y su voto es una pieza clave para su proyecto reeleccionista.

La periodista Alicia Fordham, con fecha 12 de Marzo de 2012, publicó el Washington Post que en Irak, por el surgimiento del homosexualismo, fueron asesinados más treinta inocentes jóvenes por presumirlos homosexuales o tener comportamientos afeminados.

Centenares de artículos hablan de la desmoralización de las Fuerzas Armadas por el activismo homosexual en sus filas.

El fortalecimiento del homosexualismo en Estados Unidos ha sido una obsesión del presidente Obama. Por primera vez, un Presidente de Estados Unidos ha extendido en el gobierno federal a las parejas homosexuales los mismos derechos laborales y de salud que tradicionalmente se conceden a los cónyuges de los matrimonios naturales entre hombre y mujer. Al igualar las parejas homosexuales con las esposas naturales, está reconociendo, de hecho, el matrimonio entre homosexuales.

"El presidente Obama ha usado su poder presidencial para extender los derechos y beneficios federales a los homosexuales, para responder a un grupo electoral que fuertemente lo respaldó en la campaña presidencial del 2008", dice textualmente la periodista Lisa Rein.

Este tema, sin duda, tendrá un gran peso en la decisión electoral de los estadounidenses el 6 de Noviembre, cuando esta gran nación elige su nuevo Presidente y decidirá entre Obama y Romney.

Ejecuciones con aviones tipo Drone

Rechazo mundial por la aplicación de la sofisticada pena de muerte ordenada por el Presidente

La Investigación del Pew Research Center

El Congreso abre investigación sobre los programas secreto del gobierno de Obama

Los Martes, el presidente Obama ordena, a nivel internacional, quién debe morir o vivir.
Uso de los drones

Según la investigación adelantada por la organización apolítica, sin ánimo de lucro, Pew Research Center, publicada en los medios de comunicación el 14 de Junio de 2012, el uso excesivo que el gobierno del presidente Obama ha hecho de los aviones electrónicos, sin piloto, identificados como Drones, para ejecutar autores, sospechosos o cómplices de terrorismo, en el exterior, es ampliamente objetado mundialmente,

De un total de 21 países analizados, 17 se oponen a la estrategia militar del presidente Obama de ultimar, sin juicio previo, con cohetes o misiles lanzados a tierra desde los aviones electrónicos Drone, sin piloto. En cambio, el 62% de los residentes americanos apoya el plan Drone de Obama contra el terrorismo, el cual se cumple en forma secreta.

Agrega el comunicado que los europeos y Japón han perdido confianza en el gobierno de Estados Unidos desde el 2009, a pesar de que siguen ampliamente confiados en la buena fe del Presidente como persona. Las críticas más drásticas contra el Presidente provienen de las repúblicas musulmanas, donde opera principalmente el programa con Drones. China y Rusia han perdido también su confianza en el presidente Obama.

El presidente ruso ha rechazado reunirse con el presidente Obama. La colaboración incondicional del señor Sarkozy, ex presidente de Francia, a los programas del presidente Obama, fue la causa principal de su derrota. En condiciones similares se encuentra el primer ministro Cameron, de Inglaterra.

"El pueblo americano piensa que el presidente Obama incumplió la promesa de usar las fuerzas armadas en otros países con el apoyo internacional y eso está relacionado con la insatisfacción por el uso de ataques aéreos con el avión Drone". "We continue to see the public thinking Obama has not fulfilled his promises that he would seek international approval for military forces and that is related to the displeasure with the Drones strikes". Expresó el señor Andrew Kohut, president del Pew Reseach Center.

Esta es las primera vez que una organización americana hace una encuesta relacionada con el uso de los Drones, para eliminar personas desde el aire, a miles de millas, debido a que "it is now a global issue" - es un hecho de interés mundial - dijo la entidad para responder una inquietud de la Casa Blanca.

Programas secretos del gobierno, según el New York Times

1º.-Kill list con Drone Informe New York Times. La lista de candidatos fue un plan de inteligencia del gobierno para eliminar personas, supuestamente terroristas o cómplices de terrorismo, con los aviones electrónicos automáticos Drone, hecho descubierto y publicado por el New York Times, en la primera semana de Junio de 2012, cuando afirmó que el presidente Obama es quien decide quiénes integran la lista de las personas que deben morir semanalmente.

El Congreso ha solicitado un investigador independiente, ajeno a las funciones del gobierno. El informe obtenido por el New York Times, a través de una filtración, tiene más de 5.000 folios.

El Washington Times dijo que el señor David Axelrod, jefe de la campaña del presidente Obama para la reelección, "has seen the secret kill list" -está autorizado para ver la lista - que se confecciona los Martes de cada semana.

2º. - Fast and furious proceso en el congreso. El objetivo del gobierno era instalar chips electrónicos en las armas para identificar narcotraficantes mejicanos. Fue una estrategia absurda secreta de inteligencia del Gobierno, mediante la cual se autorizó la entrega de dos mil armas a los narcotraficantes mexicanos con permiso del Departamento de Alcohol -Tabacco y Firearms de Arizona, con las cuales se ha asesinado decenas de mexicanos y un agente federal fronterizo. El Procurador ha saboteado la investigación, ocultando los nombres de los personajes que fraguaron el plan y los de los funcionarios que la autorizaron. El Congreso ha pedido la renuncia del Procurador General y lo ha sancionado por desacato al Congreso.

3º.- Drone campaing in Yemen - Según el Washington Post y el Washington Times, el plan de inteligencia del gobierno en Yemen, es usar el sistema Drone para combatir Al-Qaeda y democratizar el sistema político de la nación, eliminando combatientes y no combatientes, que luchan contra el gobierno, el cual ha sido criticado por la opinión pública, que acusa al gobierno de haber ultimado a varios inocentes en los ataques contra terroristas.

Observadores internacionales aseguran que el plan del gobierno ha fracasado, porque, en vez de eliminar terroristas, ha fortalecido el movimiento de Al-Qaeda, que ha obtenido el apoyo de la población civil, que rechaza la intervención de Estados Unidos en Yemen. El Congreso ha pedido una investigación oficial sobre este tema.

4º.- Disrupted terrorist plot de Al-Qaeda - Según la Associated Press, se descubrió un plan terrorista simulado, mediante el cual, supuestamente, Al-Qaeda estallaría un avión americano, el primero de mayo del 2012, hecho ficticio con el cual el presidente Obama celebró un año de la muerte de Osama Bin Laden. El supuesto terrorista detenido por la policía del aeropuerto cuando se preparaba para ingresar al avión, objeto de la explosión, resultó ser un agente secreto de la CIA, que estaba experimentando un sistema tecnológico de bomba, usada dentro de la ropa interior, construida con metales que no pueden ser detectados por los aparatos electrónicos de control. La Associated Press, finalmente, publicó en la prensa el imaginario ataque terrorista, después de haber llegado a un convenio con la Casa Blanca. El señor Muellen, director el FBI, ha sido encargado para investigar los autores y la filtración de este imaginario plan terrorista.

5º.- Computer Viruses y Cyber Weapon - Según el New York Times el gobierno américano lanzó un ataque cibernético a través de virus contra los computadores de la República de Irán. El plan secreto del actual gobierno americano, fue descubierto y publicado por el New York Times, en Junio del 2012. Esta grave acusación contra el gobierno también será objeto de la investigación. La totalidad de la prensa ha criticado justamente este hecho.

El Procurador General de la Nación, a solicitud del Congreso, ha nombrado dos investigadores de la Secretaría de Justicia, para investigar los cinco casos, pero los parlamentarios han insistido en que debe seleccionarse un investigador independiente, ajeno al gobierno, debido a que no confían en la imparcialidad de los funcionarios nombrados por el presidente Obama.

El presidente Obama intimida
a la Corte Suprema de Justicia

El caso del Obamacare

Reacciones de juristas y congresistas

El Magistrado acusa al Presidente de estar mintiendo

Ataque del presidente a la justicia

No cabe duda que el cambio de voto del presidente de la Corte Suprema de Justicia, John Roberts, a favor del Obamacare, o reforma a la salud del presidente Obama, fue influido, en altísimo grado, por la intimidación ejercida cuando toma decisiones contra el gobierno.

Intimidación en el caso de Citizens United
Mayo del 2010.

Quienes no sufrimos de amnesia política, recordamos con tristeza el día en que, ante el Congreso en pleno, el presidente Obama violó el principio de respeto recíproco por las tres ramas del poder público y atacó a la Corte Suprema de Justicia, en forma irrespetuosa, por haber decidido en el caso de Citizens United vs Federal Eléction Commissions darle a las corporaciones y organizaciones comerciales las mismas atribuciones que tenían los sindicatos laborales para intervenir en política, invirtiendo dinero en campañas a favor o en contra de candidatos a posiciones públicas.

En ese día histórico, que la prensa olvida, el magistrado Samuel Alito, invitado a presenciar el informe anual administrativo presidencial al país, no pudo controlar la emoción que le produjo la calumnia contra la Corte y, balbuceando, le dijo al presidente Obama que estaba mintiendo. En la misma sesión plena, un congresista igualmente le dijo mentiroso, cuando anunció que no daría beneficios a los ilegales indocumentados.

Intimidación en el Obamacare

La intimidación en el caso del Obamacare divide políticamente a los miembros de la Corte. Solamente le faltaba la justicia para dividir. Ya había dividido el país entre ricos y pobres, entre clase pobre y clase media, entre homosexuales y no homosexuales, entre el matrimonio biológico natural de un hombre y una mujer y el matrimonio entre personas del mismo sexo, entre militares homosexuales activistas y no homosexuales, entre la fe cristiana y sus organizaciones laborales, entre las corporaciones inversionistas y los sindicatos, entre hispanos y no hispanos, entre ilegales menores de 30 años e ilegales mayores y entre negros y blancos.

Desafíos o retos constitucionales han sido presentados contra la decisión del Gobierno de obligar a todos los ciudadanos a adquirir un Seguro de Salud, bajo sanción económica por incumplimiento. "Constitutional challenges were over the individual mandate to purchase and whether the federal government has the Wright to require all American to purchase health insurance."

El día en que se celebró la audiencia pública en la Corte Suprema en el proceso de Obamacare, el señor presidente pronunció esta catilinaria desde la Casa Blanca, que la historia recordará para siempre:

"Por muchos años hemos escuchado que el más grande problema de la justicia es el activismo político que hace un selecto grupo, que no es elegido popularmente, que se atreve a derogar una ley aprobada legalmente." - "For years what we had heard is the biggest problem on the bench, was judicial activism a lack of judicial restrains that un not elected group of people would somehow overturn a duly constituted and passed law. Well there is a good example and I am pretty confidence that this court will recognize that and not take that step".

Derogar la Ley de affordable Care- Obamacare sería un extraordinario precedente de activismo político judicial.

Nosotros estamos seguros que la ley será aprobada, porque la ley debe ser aprobada". - "Overturning the Law-Affordable Care Act- would be an unprecedented extraordinary step of judicial activism" "We are confident that this will be upheld because it should be upheld".

Esta orden intimidatoria de un Presidente en un país considerado democrático no tiene un sabor a dictadura? Habrá alguien que lo niegue?

Reacciones

El senador republicano Orrin Hatch dijo: es muy agradable vivir en un mundo de fantasía, donde toda ley que a usted le guste es constitucional y toda ley que la Corte revoque es activismo político.

"Senator Orrin G. Hatch, republican, said" It must be nice living in a fantasy world where every law you like is constitutional and every Supreme Court decision you do not like is activism . Judicial activism or restrain is not measure by which wins but by whether the Court correctly apply de law Mr. Hatch said.

El senador Mitch McConnell , líder de la minoría en el Congreso, dijo: La tentativa de este presidente de intimidar a la Corte Suprema es un ataque político desagradable, y ello demuestra una falta fundamental de respeto a nuestro sistema existente de autonomía y coordinación entre las tres ramas del poder público: "This president attempt to intimidate the Supreme Court falls well beyond distasteful politics; it demonstrate a fundamental lack of respect for our system of check and balance"

El abogado Laurence Tribe, profesor de Harvard y amigo personal de Obama, comentó que el Presidente debe abstenerse de hacer comentarios en procesos pendientes ante la Corte Suprema de Justicia, cuando están en periodo de deliberación, porque aunque esos comentarios no afecten la decisión de la Corte, pueden contribuir a crear una atmósfera pública de duda, que yo sé, el presidente Obama lamentará. "Harvard Law professor Laurence Tribe a close Obama friend, said "Presidents should generally refrain from commenting on pending cases during the process of judicial deliberation Even if such comments won't affect the justices a bit, they can contribute to an atmosphere of public cynicism that I now this president lament".

"Los líderes de la oposición, como Sara Palin, dijeron que el Presidente está anunciando desde ahora una campaña contra la Corte Suprema si la ley Obamacare es derogada y que el Presidente lo que está es amedrentando a los magistrados. "Leaders of the opposition charged that Obama amounted to a stark warning that he intent to campaign against the Supreme Court if the Law or its key elements are struck down while some speculated that he was trying to bully the justice.

El presidente Obama
y los hispanos

En dos años de gobierno no fue presentado proyecto alguno de reforma a la inmigración

El Partido Demócrata ha obstaculizado la reforma de inmigración.

Los republicanos presentarán una reforma integral para inmigrantes

Amnistía sin orden ejecutiva

La reglamentación de la ley de inmigración expedida por la Secretaria de Seguridad Nacional decretando una amnistía, por orden del presidente, es completamente inexistente.

Esto significa que cualquier funcionario administrativo o judicial puede revocarla sin necesidad de un juicio previo, en cualquier momento. Un nuevo secretario, aún nombrado por el presidente Obama, puede revocar la reglamentación.

Aunque el Presidente tampoco tiene la facultad de reformar la ley de inmigración sin previa autorización del Congreso habría podido formar un conflicto jurídico, que hubiera durado varios meses o años, a favor de los inmigrantes, expidiendo una orden ejecutiva para garantizar la amnistía a los estudiantes.

¿Por qué el Presidente no expidió la orden ejecutiva?

Porque el abogado Obama no quería comprometerse personalmente y deseaba evadir un proceso o acusación por la supuesta violación de la Constitución, que le hubiera acarreado su decisión por haber asumido funciones que le corresponden exclusivamente a la rama legislativa.

Hay tres ramas del poder público, con funciones independientes, y apropiarse de las que no le corresponden tiene sanciones serias en una democracia.

Esta respuesta es la que los abogados y políticos demócratas deben explicarle a los estudiantes para que cuando surja la realidad no comiencen a engañarlos culpando a otros de la jugada política que hay dentro de toda esta trama.

Lo grave es que el Presidente como abogado que es conoce la ineficacia y la vulnerabilidad de esta supuesta amnistía, pero, sin embargo, la ha realizado por razones de interés político. Lo triste es que se haya buscado a un grupo de angustiados inocentes, comediantes como actores de una obra de teatro que no existe.

La reglamentación comprende dos situaciones.

Primera. La suspensión por un periodo determinado de deportación de ilegales indocumentados, que puede ser legal, legítima, si se expide por medio de una orden ejecutiva. Está dentro de las facultades del presidente.

Segunda. Decretar una amnistía por intermedio de un funcionario subalterno es ilegal, con orden o sin orden ejecutiva. Es una amnistía decretada mediante reglamento interno.

¿Puede una Secretaria del despacho reformar una ley, cuando el Presidente no puede?

¿Puede un presidente reglamentar o reformar una ley verbalmente, sin orden ejecutiva?

Es tan absurda la amnistía decretada por medio de una reglamentación interna administrativa, que cualquier juez municipal o un nuevo secretario tendrían funciones suficientes para anularla.

Obama y los inmigrantes hispanos

Los hispanos, engañados
con la reforma sobre inmigración.
Farsa demócrata sobre el Dream Act.

Durante dos años consecutivos, el Congreso de Estados Unidos
- Cámara y Senado- contó con mayoría absoluta demócrata. El
presidente Obama, a su vez, dominaba y controlaba el Congreso.
En ese período, el Presidente y el Congreso se constituyeron en
una dictadura legislativa, aprobando cientos de proyectos, sin
darle a la oposición republicana el mínimo derecho a opinar
o contradecir. El Partido Demócrata, con su presidente a la
cabeza, ignoró totalmente la promesa que hizo a los hispanos,
en la campaña presidencial, de legalizarlos durante su primer
año de gobierno.

En dos años de gobierno, ni el presidente Obama, ni el Partido
Demócrata, de mayoría absoluta en el Congreso, presentaron
un solo proyecto de reforma a la inmigración.

El incumplimiento del presidente Obama de legalizar a los
inmigrantes ilegales, principalmente a los indocumentados
procedentes de México y de Centroamérica, y de nacionalizar
a los jóvenes menores de treinta años edad, de padres ilegales,
a través del proyecto denominado Dream Act, se constituyó
en un negocio electoral para el Partido Demócrata y en una
maniobra especulativa para tratar de conseguir la reelección
del presidente Obama en el 2012, con el apoyo de algunos
grupos hispanos.

El Do not ask –Do not tell se revocó en la última sesión del
dominio legislativo demócrata, lo que no pudo hacerse en
dos años.

Quiso aprovechar la última reunión de anarquía legislativa demócrata para obtener la aprobación de un proyecto de inmigración, que había ignorado durante dos años consecutivos. Cinco senadores demócratas votaron en contra y, finalmente, lo bloquearon.

Obama hace nuevas promesas a los hispanos

En el 2011, el presidente Obama nuevamente prometió a los hispanos presentar el Dream act a consideración del Congreso, de mayoría republicana en la Cámara.

No cabe duda que los políticos y congresistas demócratas buscaban engañar nuevamente a los inocentes hispanos, que viven en la oscuridad política, para acusar al Partido Republicano de su fracaso.

La minoría hispana, procedente generalmente de México y Centro América, que constituyen cerca del 80% de los latinos en Estados Unidos, contribuye a la elección de docenas de representantes demócratas a la Cámara de los Estados de California, Arizona, Texas e Illinois.

Dejar en el limbo una promesa política, hecha a un pueblo que ignora el idioma y la cultura donde reside, es perfectamente productiva. El sistema de engañar opera y es común también en algunos países latinoamericanos.

La farsa electoral es clara a la luz de quienes tienen sentido común y capacidad de raciocinio.

Demócratas sabotearon la reforma Bush-Kennedy del 2005

Quince senadores demócratas votaron en contra, bloqueando la reforma. La mayoría de los republicanos votaron a favor.

El Partido Demócrata ha sido el único que ha obstaculizado la reforma de inmigración presentada por el presidente Bush con el apoyo del senador Kennedy, que en paz de descanse, pues, fue aprobada por la Cámara de Representantes, ahora controlada por los republicanos. El Senado votó en su mayoría por la reforma, pero quince senadores demócratas votaron en contra. Un representante hispano, demócrata, de Chicago, de apellido Gutiérrez, ha sido el principal enemigo y el principal saboteador de la reforma, pues, fue el congresista que incluyó en el proyecto final, que pasó en segunda instancia al Senado, la famosa cláusula que extendía la amnistía a todos los criminales e ilegales, autores de robo, violaciones sexuales y otras infracciones penales, diferentes al ingreso ilegal al país. La cláusula fue el pretexto para que los quince senadores demócratas votaran en contra el proyecto. En las actas del Congreso aparece toda esta información, que es absolutamente fidedignaPeriodistas hispanos demócratas y organizaciones con auxilios de congresistas, como "La Raza" y "La Casa", hicieron eco a la demagogia de los políticos demócratas, contribuyendo así a tergiversar la verdad sobre el proceso de la reforma migratoria.

El Partido Republicano debe hacer la reforma

El partido republicano debe hacer una reforma integral, en el menor tiempo posible, para eliminar, de una vez por todas, el juego que utilizan los demagogos y las organizaciones inescrupulosas que subsisten mientras este problema permanezca latente. Es fácil expedir una reforma racional.

Es necesario volver al proyecto de Bush- Kennedy, en el cual solamente quedan por fuera de dicha reforma los criminales, que no superan un millón de delincuentes, a los que apoya el señor Gutiérrez. Los demócratas que se opongan a esta reforma migratoria deben ser descubiertos y puestos a consideración de la opinión pública.

Los republicanos están dispuestos a legalizar a las personas honradas y sin antecedentes criminales que han llegado para servir a Estados Unidos.

En la reforma, los republicanos incluirían a los jóvenes sin antecedentes criminales, fijarían una cuota mínima de 400 mil trabajadores mexicanos, con una visa temporal de trabajo, que les permita ingresar y salir del país libremente, plenamente identificados legalmente.

Esta visa se complementará con sanciones para los que contraten obreros ilegales, sin visa temporal, para garantizar la seguridad y la estabilidad en el trabajo de los que han legalizado así su situación El principal saboteador de la reforma migratoria, señor Gutiérrez, debe ser excluido totalmente del proceso. La reforma debe ser bipartidista.

¿Capitalismo o socialismo?

Subprime o plan de vivienda demócrata, causa de la recesión en Estados Unidos

Ciclo de recesiones: Reagan vs Carter

Obama tergiversa teorías socialistas de Keynes

Causas de desempleo: sindicalismo vs corporaciones.

Fuentes de empleo: obras públicas y emisión monetaria

Recesión, déficit y desempleo deja el gobierno de Obama a EE.UU.

Recesión y Subprime. El presidente Barack Obama comenzó a gobernar el país en el 2009, en medio de una crisis económica originada en el 2007, como efecto del sistema popular de préstamos de vivienda impuesto por la mayoría demócrata, que entró a gobernar el Congreso en el 2007 y no por el mal manejo de la economía en el gobierno del presidente Bush, como se alegó en la campaña política del Partido Demócrata para ganar las elecciones en el 2008.

El nuevo sistema de préstamos de vivienda cambió el sistema tradicional, cuyo proceso administrativo era manejado directamente, en forma autónoma, por los bancos, a través de sus asesores jurídicos y financieros.

Los trámites para adquirir vivienda con el nuevo sistema se hacían en oficinas de abogados particulares, en las oficinas de propiedad raíz y aun en los parques y plazas públicas, donde los vendedores evaluaban el inmueble, determinaban el precio y simultáneamente tramitaban el crédito. Miles de especuladores organizaron oficinas de créditos y de ventas de inmuebles y se convirtieron en intermediarios de los bancos. No se requerían antecedentes crediticios, ni probar capacidad de compra, ni siquiera la identidad del comprador.

El congreso demócrata forzó a las dos grandes corporaciones nacionales hipotecarias del país, Fannie Mae y Freddie Mac, a garantizar y a aprobar todo clase de créditos hipotecarios sin restricciones.

El nuevo plan de préstamos de vivienda seguía los lineamientos del sistema populista, establecido en Chicago en la Organización Acorn, época en la que el abogado Barack Obama era su asesor jurídico y su comunicador social.

El cambio del sistema tradicional de préstamo con garantía hipotecaria, controlado directamente por las oficinas jurídicas de las instituciones bancarias, al nuevo sistema político de adjudicación de vivienda, condujo a la quiebra económica de cientos de corporaciones, intermediarios e inversionistas nacionales e internacionales, incluyendo gobiernos, como el ruso, que perdió más de 25 millones. El flujo de dinero en todos los sectores de la producción se congeló. La actividad financiera se suspendió en todas las áreas.

Los bancos suspendieron el sistema crediticio, el negocio de propiedad raíz se eliminó, los inversionista en Wall Street y en las corporaciones financieras entraron en pánico. La creación de empleo en el sector privado se paralizó. La tasa de desempleo superó los máximos niveles en los últimos cincuenta años, después de la segunda guerra mundial.

La economía en el 2007

En el 2007, los índices económicos demostraban que la situación económica del país era aceptable y que no había razón para que ocurriera una recesión que afectara al mundo inversionista, creador de empleo. La deuda externa era de 6.5 trillones, equivalente a un porcentaje inferior al 20%, del P.N.B. La relación entre deuda externa y PNB es uno de los indicativos tradicionales que indican el estado de la situación económica de un país y si hay tendencia hacia una recesión.

Hasta el año 2007, en el gobierno de Bush, las exportaciones de manufacturas crecieron 10.9, mientras las manufacturas importadas solamente llegaron al 4.9. En el actual gobierno se han invertido los porcentajes. En el 2009, el actual gobierno comenzó a subir la deuda externa en forma desproporcional al PIB y en la actualidad la deuda externa, después de tres años, ha subido a 16 trillones, siendo proporcional al 70% del PIB.

La Oficina de Presupuesto del Congreso y todos los medios de comunicación del mundo reportan un déficit actual de 16 trillones de dólares vigentes para el año 2013. La oficina ha informado que el presidente Clinton entregó a Bush un déficit de dos trillones, Bush gastó 4.5 trillones en ocho años, y entrego a Obama 6.5 trillones en el 2009. En cuatro años, incluyendo el programa del 2013, el presidente Obama aumentó 10 trillones, para un total de 16.5 trillones. Son datos públicos del Congreso. "It is much harder to pay for the investment that build this country".

El Washington Post, en su análisis financiero publicado en la página 12, de Enero 6 del 2012, dice que la deuda externa durante el gobierno de Obama subió al máximo nivel desde el año de 1940. El gráfico muestra la espiral, que pasa por el gobierno de Bush, con menos de ocho trillones, incluidos los préstamos de Clinton, e inmediatamente sube al espacio a una velocidad alarmante, que tiene amedrentado el pueblo americano, al llegar en los primeros meses del 2012 hasta 16 trillones. Y el gráfico muestra, igualmente, que la deuda, proporcionalmente, está por encima del 60% del Producto Nacional Bruto.

El G-20. En la reunión de los veinte países más desarrollados del mundo, G-20, en Noviembre del 2008, organizada por el gobierno del presidente Bush, antes de iniciarse el nuevo gobierno, se analizaron las causas y las soluciones de la crisis y hubo consenso en que la imposición del sistema de vivienda llamado "Subprime", sistema de crédito vivienda popular sin reglamentación, fue la causa fundamental de la anarquía económica, lo cual destruyó la teoría basada en un supuesto mal manejo de la economía de Bush, defendida por el candidato Obama en la campaña presidencial del 2008.

Los representantes del grupo de los G-20, con la dirección del presidente Bush, le dejaron al presidente Obama una plataforma preestablecida para que coordinara todas las instituciones internacionales con los bancos gubernamentales que en cada país controlan su sistema financiero como medio para solucionar la crisis financiera, consecuencia del Subprime. El plan de coordinar el Fondo Monetario Internacional con el Banco Mundial y el Banco de la Unión Europea con bancos federales o estatales o de la República de cada país no se había planificado desde la convención de Brettón Woods en 1944, al finalizar la Segunda Guerra Mundial.

La recesión fue el caballo de batalla del abogado Obama en la campaña política del 2008 para ser elegido presidente. El libre comercio y el mal manejo de la economía por los republicanos ocasionaron esta hecatombe mundial fue el mensaje dirigido por los demócratas al mundo entero.

El misterio de la crisis económica y la recesión consistió en haber estallado pocos meses antes de comenzar la recta final de la campaña presidencial del 2008, después que Irak y el alto precio de la gasolina dejaron de ser tema de la oposición al gobierno. El precio de un galón de gasolina había bajado a $1,84, para los americanos, en Febrero del 2009, cuando el presidente Obama recibió el poder. La crisis económica era decisiva en la selección del nuevo Presidente.

Recesiones en vísperas presidenciales.
Diferencia entre Recesión y depresión, según Reagan

Parece que hay un ciclo de recesiones económicas, cada vez que empieza un nuevo período para reelegir presidentes en Estados Unidos.

Reagan vs. Carter. El presidente Carter le entregó una recesión al presidente Reagan que duró 16 meses entre 1981 y 1982. En el debate presidencial entre Reagan y Carter, Reagan definió la diferencia entre recesión y depresión en estos términos:

"Recesión es cuando un vecino del presidente Carter pierde su empleo y depresión es lo que le ocurrirá al presidente Carter cuando pierda su candidatura presidencial".

Clinton entro a gobernar con la recesión que le trasmitió Bush padre, pero éste le endoso una nueva recesión a Bush hijo, y ahora el senador Obama fue elegido por la recesión que los demócratas le entregaron en el 2007 con el famosos sistema del "Subprime. Esta recesión fue diferente a las otras. Absolutamente nadie niega que el Subprime fue el causante de la actual recesión en Estados Unidos.

El presidente Obama ignoró los parámetros fijados por el G-20, para eliminar la recesión dentro del sistema tradicional financiero y comercial, basado en la inversión privada, y en cambio optó por utilizar la intervención estatal, como medio de crear empleo. Arrancó su gobierno subsidiando cientos de nuevos contratistas de la industria del Medio Ambiente, que fue un fracaso, públicamente reconocido, y atacando a la industria con regulaciones que paralizaron la inversión privada.

Obama tergiversa las teorías de Keynes de hace 80 años

El presidente Obama ha aplicado en su gobierno a plenitud en Estados Unidos, en el siglo XXI, cuando tenemos un edificio volante de apartamentos, con residentes permanentes en el espacio, al lado de la luna y el sol, una teoría económica que fue presentada por excepción por el economista Keynes a una situación ocurrida hace 80 años, en 1930, y para combatir el libre comercio entre naciones, sistema económico defendido por los republicanos, se parapeta en una teoría del presidente Roosevelt, de hace 110 años, quien defendía el proteccionismo como medio para desarrollar económicamente los países.

Keynes, partiendo de los principios universales de la oferta y la demanda, que juegan paralelamente con la inversión privada y parte con el gasto público, sentó las bases de la teoría general del libre comercio internacional, y la influencia que el movimiento monetario de las fuerzas opuestas de la inflación y la deflación, la devaluación y la valorización de la moneda, ejercen sobre la economía de un país.

Como excepción a la teoría general, justificó la inversión en el gasto público en obras de infraestructura, aplicable en épocas de crisis económica, ocasionadas por las guerras del 30 y del 44, época en la cual la tecnología no había superado el subdesarrollo económico.

Los capitalistas acogieron la teoría general y los comunistas y socialistas echaron mano de la solución de excepción, de inversión pública, y algunos políticos la aplican aun en los países más desarrollados del mundo. Los gobiernos socialistas, que tienen todos los poderes públicos unificados en una sola rama, no tienen auditorías sobre los gastos del Estado y la inversión pública incita a la celebración multitudinaria de contratos oficiales, la mayoría adjudicados directamente sin previa licitación o "procurement".

La idea de invertir en obras públicas para solucionar la crisis mundial de desempleo, causada por la crisis económica de 1930, después de la primera guerra mundial, fue presentada en su libro La Teoría general del empleo, el interés y el dinero, en 1936 y en 1944, en la conferencia de Bretton Woods, por John Maynard Keynes, como solución temporal, cuando el libre comercio y la inversión financiera no eran la base de la infraestructura de la economía, ni la principal fuente de empleo en los países.

Su teoría general se fundamenta en que la economía de un país se mueve en un mercado libre, dirigido por el proceso de la producción y el consumo, oferta y demanda. Si la fuerza de consumo no tiene capacidad de adquirir los bienes producidos, se reduce la producción, lo que conduce a evitar la inversión y si no hay inversión se limita la capacidad de crear empleo. Es el empleo la fuerza que constituye la demanda de los bienes de consumo. El empleo es el eje de la estructura, dice Kaynes. (Teoría General).

Si el proceso de libre mercado fracasa, el Estado tiene la opción de incentivar la inversión privada con medidas gubernamentales y recurrir a la inversión en obras pública para crear empleo, construyendo carreteras, puentes, escuelas y similares, decía Keynes en el 36.

La inversión estatal en obras publicas en la época del subdesarrollo, en el 36, en realidad creaba empleo, pues la construcción de un puente o de un edificio podía demorar años y ocupar a miles de empleados. En cambio, en la actualidad, en el mundo de la tecnología, cinco máquinas y cinco técnicos construyen un puente en un par de semanas. Los contratos modernos de obras públicas innecesarias favorecen prioritariamente es a los contratistas.

La deuda externa y el déficit presupuestal

Keynes propuso como medida temporal y como solución excepcional, incrementar el déficit presupuestal y aumentar el crédito externo para fortalecer la demanda de bienes y servicios. Así mismo, sugirió que los gobiernos podían incrementar la emisión monetaria, a través de los bancos centrales o federales, y bajar los intereses, para motivar a los consumidores a comprar y a los inversionistas a producir y a crear empleo en época de crisis.

"Quantitave easing". Esta práctica económica denominada por algunos economistas "Quantitative easing", que es equiparada a una forma rápida de incrementar la emisión de dinero en manos del gobierno para evitar utilizar crédito externo, crea inflación y aumenta el déficit fiscal.

El presidente Obama, en la práctica, aplica las teorías de excepción, pero rechaza la Teoría General de Keynes, que creó el capitalismo, y se opone al libre comercio, atacando objetivamente con regulaciones obstruccionistas la industria privada, que es la fuente principal de empleo en la época tecnológica.

El señor Bernanke, gerente del Banco de la Republica, o Federal Reserve Bank en U.S.A, en coordinación con la Secretaría del Tesoro, está aplicando la teoría "Quantitative easing" al adquirir bonos del gobierno, en forma ilimitada, contrariando los estatutos fiscales del Banco, actitud que ha movido a los candidatos republicanos a llamarlo "Gerente treasury" por comprar bonos a largo plazo, "for buying long term treasury debt", lo que implica un exceso de emisión monetaria. Los Bancos Centrales en las democracias tienen funciones autónomas con auditores y controladores del sistema monetario, independientes de la rama ejecutiva.

Deuda externa. A Julio 10 del 2012, Obama elevó la deuda externa a 16 trillones. Clinton la entrego con 2 trillones y Bush en ocho años, gasto 4.5 trillones y le entregó a Obama 6.5 en el 2009, según la OPC, Oficina de Presupuesto del Congreso. El aumento de 10 trillones, en cuatro años, tiene al pueblo americano aterrorizado.

La deuda externa está copando más del 50% del Producto Interno Bruto en Estados Unidos. Por esa razón, sus profesores le rebajaron la calificación, al presidente Obama en el área de economía, por primera vez en la historia del país, pasándolo de A a B.

La mayoría de las personas olvidan que los déficits, tarde o temprano, tienen que ser pagados con dineros que salen de los bolsillos de todos los contribuyentes. Mientras el Partido Republicano y el Tea Party luchan por mantener un balance entre los ingresos y los gastos, el Partido Demócrata incrementa los déficits presupuestales y de deuda externa, en forma ilimitada.

Propuesta del Tea Party para conservar el balance presupuestal
El presidente Obama se opone

La reforma constitucional presentada por el Tea Party al Congreso, en la legislatura republicana del 2011, que ordenaba conservar un balance estricto entre los ingresos y egresos para mantener el balance del presupuesto nacional, fue objetada por el Presidente y por los demócratas.

La propuesta limitaba el gasto público a un porcentaje del Producto Nacional Bruto inferior al 30%, requería las 2/3 partes del Congreso para fijar impuestos, las 3/5 para elevar el límite de la deuda externa y prohibía que el Fondo del Instituto de Seguro Social de los Pensionados fuera utilizado como fondo común para gastos generales, tal como se discutía en Diciembre de 2011.

Orígenes del desempleo

1- Proteccionismo. Buy América fue una de las primeras órdenes ejecutivas expedidas por el Presidente al iniciar su gobierno. Mediante esta reglamentación, todas las personas que celebraran contratos con el gobierno tenían que adquirir bienes exclusivos, producidos por empresas americanas. Esta clausula se incluyó expresamente en la ley de estimulo económico. Esta decisión del Gobierno, de proteccionismo comercial, está enfrentada a la decisión unánime en la convención del G-20 de fortalecer el libre comercio como medio de incrementar el empleo.

En Junio del 2009, la empresa alemana Draeger, domiciliada en Pensilvania, destituyó, en forma sorpresiva, sin previo aviso, en un solo día, a 49 investigadores científicos que habían sido contratados por el termino fijo de tres años, para construir una "cuna electrónica" y otros productos hospitalarios. El pretexto fue la clausula Buy American.

Varios de los ingenieros todavía están desempleados. Es evidente que los técnicos destituidos en forma sorpresiva deben estar moralmente destruidos, no por la pérdida del empleo, sino por el procedimiento ilegal, que afectó su dignidad personal.

2.- Oposición al libre comercio. El proteccionismo lo complementó con su rechazo a la política de libre comercio, defendida por los republicanos. Durante tres años consecutivos, con congreso mayoritario demócrata, Obama se opuso a la aprobación de los Tratados de Libre Comercio, Forzosamente, aceptó legalizar los tratados pendientes con Corea del sur, Panamá y Colombia, aprobados por el Congreso republicano. En Kansas volvió a criticar la política de libre comercio pero en Colombia dijo que el libre comercio era una fuente de empleo para Estados Unidos.

3.-Lucha sindical contra las corporaciones. Con fines electorales, el presidente Obama ha dividido el país entre ricos y pobres. Al iniciar su gobierno decidió tomar partido y solidarizarse con los sindicatos de trabajadores y ponerlos en lucha permanente contra los empresarios, a quienes llama despectivamente "los ricos", creando una división política entre los americanos, que está golpeado directamente la fuente principal de empleo en el país. Los ricos para el Presidente son todos los americanos que tienen un ingreso anual superior a doscientos mil dólares.

Los ataques contra los ricos son el tema principal de sus discursos en la campaña por la reelección, pero el Presidente no le dice a su electorado que el 47 % de los americanos no pagan impuestos y que esos "gatos gordos" especuladores, calificativos que el Presidente da a los banqueros, que integran el 20% de los americanos, que pagan casi el 80% de los impuestos federales con que subsiste la Casa Blanca.

4.-Regulaciones. Además de combatir a "los ricos" políticamente, el Presidente ha interferido el manejo administrativo de todas las organizaciones financieras y productoras de bienes de consumo, de capital y de servicios, a través de órdenes ejecutivas, emanadas desde su despacho presidencial.

En los últimos meses se han expedido más de 27 órdenes reguladoras o reglamentarias contra el sistema bancario.

El control administrativo de las empresas y su posición negativa frente al libre comercio, produjeron un efecto sicológico de duda, de miedo y de inseguridad en los inversionistas extranjeros y nacionales, quienes han reaccionado con razón, y tienen billones de dólares congelados en los bancos, que se abstienen de invertir. Y si no hay inversión, no hay producción y si no hay producción no hay empleo.

Fuentes de empleo en obras públicas. Manufacturas, emisión monetaria, medio ambiente y burocracia estatal

Obras públicas. El lunes 2 de Diciembre del 2008, en la ciudad de Filadelfia, el Presidente dijo en la campaña a la Asociación Nacional de Gobernadores, que las obras publicas serían su principal programa para crear empleo y solucionar la crisis económica. Este concepto de que es el Gobierno y no la empresa privada la principal fuente de empleo se explica, si se reconoce que el presidente Obama no es economista, no es empresario y nunca tuvo vinculación con la empresa privada, pues siempre fue un político, cuya actividad principal era el vinculo con el gobierno. A la reunión asistieron 47 de los 50 gobernadores demócratas y republicanos de la Asociación Nacional, que por razones diplomáticas, no pudieron objetar la propuesta del Presidente.

Adjudicación de contratos en obras públicas. Según muchos críticos, la licitación, o procurment de contratos de obras públicas ha desaparecido. La adjudicación de contratos de obras públicas ha sido un tema de discusión y de análisis por los opositores en casi todos los gobiernos. Algunos dicen que los contratos se adjudican a los contribuyentes de las campañas políticas.

Las etapas de adjudicación de contrato son generalmente desconocidas por el público. El trámite de un contrato estatal para construir un puente, una carretera, según la Cámara de Comercio de Estados Unidos y el Departamento de Transporte, se demoraba, en promedio, entre uno y dos años. Ahora, los contratos son rápidos y las obras se ejecutan con la tecnología moderna en meses, empleando maquinaria sin necesitad de ocupar la mano de obra de los años treinta y cuarenta.

Manufacturas. El economista Robert J. Samuelson, quien, en un comentario publicado en el Washington Post, decía que todos los "americanos desearíamos el renacimiento de la producción manufacturera y ninguno podría ser más apropiado que el candidato presidencial demócratas Barack Obama.

La manufactura es un sistema de producción de uso temporal, desechable, que se ha relegado a los países subdesarrollados. La propuesta del Presidente de subsidiar la manufactura para crear empleo es retórica política.

Por un lado, acusa al libre comercio por los efectos negativos producidos en el área de las manufactura, pero, por otro, apoya el proteccionismo, que impide la exportación de los productos de consumo. La manufactura sin capacidad de exportación no puede subsistir solamente con el consumo nacional. Solamente a través del libre comercio puede el área de manufacturas progresar, pero requiere precios bajos y productos de alta calidad para competir en el mercado internacional.

Una manufactura regional, basada en subsidios, como la propone el presidente Obama no prospera. Los subsidios serían rechazados por el sistema de aranceles internacionales. Este es un principio elemental de economía global.

El área de manufacturas relegada a los países subdesarrollados. Los países industrializados tienen su fuerza desarrollista en la industria pesada. Los sectores de producción están claramente definidos. El sector agrícola se ha dejado a los países menos desarrollados, el sector manufacturero se concentra también en los país subdesarrollados y la industria pesada es la fuente de la economía de los países desarrollados. En un mundo de intercambio internacional, fundamentar la economía de un país desarrollado en la manufactura es bastante ilusorio. Hablar de manufactura competitiva con base en subsidios es retórica política y desconocimiento absoluto del proceso de desarrollo económico moderno.

Medio Ambiente. Billones de dólares invertidos en el plan de estímulo para proteger el medio ambiente no produjeron los empleos que el gobierno esperaba. Era un plan irracional, de poner a competir los molinos de viento contra el petróleo, con dineros provenientes de los bolsillos de los contribuyentes.

Emisión monetaria presupuestal. En Diciembre de 2011 se habló del proyecto Payroll tax cut, que significa exención temporal del pago de impuestos sobre la nómina de los empleados para crear emisión monetaria, con destino al consumo. Más dinero procedente del gobierno para consumir y crear empleo, otra teoría del presidente Obama.

El Presidente ha congelado los salarios de los empleados públicos y las pensiones de los jubilados, ha aumentado el déficit presupuestal y se ha opuesto a las rebaja de impuestos, por tres años consecutivos. Ahora, en la campaña para su reelección propone exonerar los empleados nacionales temporalmente, únicamente por un año, del pago de impuestos a las nóminas, con la obligación que tienen que reintegrar ese dinero el próximo año fiscal, cuando termine la crisis. El objetivo es que los contribuyentes tengan dinero suficiente para consumir mientras dura la depresión. Hay millones de sordomudos americanos que elogian la decisión impositiva del gobierno.

La propuesta del presidente de eximir el pago de impuestos a los empleados por un año puso a la Cámara, de mayoría republicana, en un impasse de gran magnitud en vísperas electorales. El presidente comenzó su campaña en Kansas, acusando a los republicanos de ser enemigos de la clase media por no aprobar el proyecto.

El Washington Post en editorial del 8 de Diciembre del 2011, aunque está de acuerdo con que hay una diferencia de ingresos entre la clase media y la clase alta, está en desacuerdo con el famoso proyecto Payroll tax cut y dice que el presidente Obama se contradice. Por una parte, presenta la gravedad del déficit del Fondo de Pensiones, pero, por otra, propone reducir la cuota o aporte al Seguro Social y crea a través del programa del Payroll tax cut el déficit en el Fondo del Seguro Social . El Post cree que el proyecto del Presidente constituye un grave error.

"Of most concerns is what the president omitted o played down. He made glancing reference to the need to get our fiscal house in order and immediately pivoted to the imperative of extending the payroll tax holiday. The economy growth that will essential cannot happen with the dampening overhead of every mounting debt".

Los sindicatos Teamster, AFL –CIO, han rechazado la propuesta del presidente Obama, a pesar de que son su fuente principal electoral, debido a que afecta directamente el Fondo del Seguro Social para los pensionados y en subsidio apoyan la aprobación del Keystone XL Oil Pipeline, un proyecto presentado por los republicanos para crear empleo, contrarrestando el efecto político del proyecto del Presidente.

La principal función del Fondo del Seguro Social es conceder las pensiones de vejez a los jubilados. Entre más alto sea el aporte al Seguro Social mayor será la pensión.

En virtud de este gasto imprevisto, que no estaba incluido en el presupuesto nacional, tendría que ser cubierto, creando nuevos impuestos o recortando programas sociales que estaban en proceso de ejecución.

La reducción del aporte del 2% al Seguro Social no constituye un beneficio para los pensionados, sino un perjuicio. Las pensiones se liquidan proporcionalmente a las contribuciones individuales. Si se reduce el aporte, la cantidad de la pensión será menor. El gobierno en el 2013 tendría que elevar los porcentajes de los aportes nuevamente para compensar la pérdida y evitar el incremento del déficit.

En este país, el 47% de los contribuyentes, casi la mitad, 140 millones de 300, no pagan impuestos federales. El 5%, de los llamados ricos, que odia el presidente, cubre el 60% del Impuesto Federal.

El oleoducto Keystone XL Pipeline vs. Payroll tax cut

La empresa petrolera TransCanadá ha solicitado al gobierno americano un permiso para transportar petróleo crudo de Alberta, Canadá, hasta el Golfo, en Estados Unidos, en un recorrido de 1.700 millas, que atravesaría casi todo el territorio americano, prometiendo suministrar 500 mil barriles de crudo diariamente para consumo e invertir 13 billones de dólares, plan que crearía más de 20 mil empleos directos y más de 50 mil indirectos.

Los ambientalistas de Hollywood y los demócratas, que respaldan la candidatura del presidente Obama se oponen al proyecto. Mientras los republicanos lo apoyan, alegando que la gasolina se abarataría y Estados Unidos eliminaría parcialmente la dependencia del petróleo del dictador Chávez.

El Presidente prometió vetar el proyecto unificado. Con esta advertencia, el Senado revocó el proyecto original de la Cámara, la que, a su vez, revocó el proyecto del Senado y el juego se reanudó. No se sabe quién será el ganador, pero sí se conoce el perdedor: el Seguro Social.

Los republicanos, finalmente, tendrán que aprobar el proyecto del Presidente. La intimidación contra quien se oponga a sus planes ha sido su método político desde que llegó al poder. Nadie resistiría la verborragia y la agresividad acusatoria del Presidente en esta etapa electoral.

El modelo económico republicano

Economía moderna.

El Washington Post defiende a Romney.

Bush cambió el mundo de izquierda a derecha...
Obama, de derecha a izquierda.

La globalización

Del G8 al G20

La política económica de Romney ¿revitalizará a Estados Unidos?

El mundo económico ha evolucionado de la sociedad familiar a la sociedad anónima, y el mercado bursátil es la fuente de ingreso de millones de inversionistas, pobres y ricos, clase media y clase alta y aun gobiernos, capitalistas y comunistas.

Las corporaciones pertenecen a miles de personas llamados accionistas y no a una sola persona, o a un grupo de ricos, como aseguran los políticos mitómanos para engañar a sus electorados.

En estados Unidos, una tercera parte de la población, más de cien millones de americanos de clase media, son titulares de acciones en el mercado de Wall Street y organizaciones similares.

En la crisis económica que aún está padeciendo el país, causada por la imposición de un sistema de vivienda populista, creado a partir del 2007, cuando el Partido Demócrata entró a dominar el Congreso y no por el manejo de la economía del gobierno de Bush, como se le dice a la comunidad, se descubrió que la economía de Estados Unidos se mueve básicamente por el flujo de dinero internacional que se invierte en los mercados de acciones. El respeto a la propiedad privada en este país es la estructura base del movimiento monetario en corporaciones porque ofrece confianza y seguridad a los inversionistas extranjeros.

Hasta hace doce años solamente cada país solucionaba sus crisis financieras y recesiones económicas, unilateralmente, y controlaba el flujo monetario a través de sus bancos oficiales nacionales.

Ahora todos los países, comunistas, socialistas, y dictaduras, además de los capitalistas, están integrando y coordinando internacionalmente las soluciones a los problemas económicos.

Los republicanos, con el presidente Bush a la cabeza, trajeron el modelo económico del libre comercio de doble vía, que lleva implícitos la globalización industrial y comercial, siendo el dinero inversionista internacional el eje básico que mueve la estructura económica. El Libre Comercio es de doble vía porque exporta, pero importa en igualdad de condiciones. Este modelo trae como efecto positivo ventajas del país subdesarrollado. El sistema crea inversión en ambas partes, el país industrializado y el subdesarrollado, lo cual significa empleo y cuando hay empleo hay capacidad de consumo y el consumo incentiva la producción. Son dos ruedas que se mueven paralelamente Un pueblo sin empleo no puede tener salud ni educación. El desarrollo social es parte integral e inseparable del desarrollo económico.

El proteccionismo, defendido por el presidente Obama, opera en una sola vía, de Estados Unidos hacia fuera, pero no de afuera hacia dentro.

El sistema de libre comercio de una sola vía está siendo impuesto por el actual Presidente a través de convenios en los que Estados Unidos pone las condiciones unilateralmente. En el tratado de comercio con Colombia, por ejemplo, se incluyeron cláusulas políticas, sociales y legislativas que debía cumplir el gobierno colombiano para poder comenzar a operar. Este es un sistema autoritario que afecta los principios de soberanía de los países.

En la campaña electoral para el periodo que comienza en el 2013, el presidente Obama sigue atacando el libre comercio que defiende el republicano Romney. El pueblo latino tiene que saber que un sistema de proteccionismo económico conduciría a limitar las exportaciones de países subdesarrollados a Estados Unidos, la remisión de dólares a sus respectivos lugares de origen y, como efecto inmediato, el empleo sería para nativos estadounidenses y no para extranjeros. La orden de utilizar estadounidenses prioritariamente en los contratos que celebra el gobierno con empresas privadas se encuentra vigente por orden presidencial del actual gobierno.

Para los republicanos, en cambio, el libre comercio se mueve con reciprocidad de exportaciones entre los países y la regulación de tarifas aduaneras se hace de común acuerdo y en forma proporcional.

El Washington Post defiende a Romney y refuta a Obama

En la campaña presidencial para la reelección, el presidente Obama acusa permanentemente al candidato Romney de exportar empleo a través de la inversión monetaria en empresas en el exterior comprobando una vez más su teoría del proteccionismo. El sistema de libre inversión internacional recíproca es parte del libre comercio. Seria inmoral exigirle a los demás que cumplan obligaciones sobre un hecho que nosotros no debemos cumplir. La inversión que hacen los Estados Unidos en el exterior es similar a la inversión que hacen los extranjeros en Estados Unidos. Esa es la fórmula de doble vía ética. El sistema de una sola vía eliminaría la inversión foránea, básica en el proceso productivo de Estados Unidos, que conduciría a esta nación al subdesarrollo.

El Washington Post, diario demócrata, refuta el proteccionismo del presidente Obama con fecha 18 de Julio y en su editorial Bain and Bunk dice: La organización apolítica Congressional Research Service ha demostrado que la inversión de Estados Unidos en el exterior conduce a la creación de trabajo en nuestro país. Mr. Obama se esfuerza por presentar a Mr. Romney como el demonio que manda los empleos al exterior para su propio beneficio, en vez de enviar mensajes de seguridad. El presidente sabe que la globalización del mercado de bienes y servicios, incluyendo el intercambio de trabajadores, es irreversible, razón por la cual el Presidente no ha propuesto ninguna política económica limitativa, ni aun remotamente proporcional en su campaña alarmista".

Por otra parte, el plan administrativo del presidente de permitir a los ilegales y traer técnicos foráneos para trabajar en el país, crea desempleo en las mismas forma que crea desempleo invertir en empresas extranjeras, según la teoría del Presidente.

Concepto de Kirk, asistente económico de Obama

Ron Kirk confirmado por el Senado para el cargo de Representante de Comercio Internacional de Estados Unidos, igualmente ha enviado un mensaje negativo a los países.

Dijo en la Comisión del Senado que lo confirmó:

"Yo creo en el libre comercio y trabajaré para expandirlo. Pero también creo que no todos los americanos están ganando con ello, porque nuestros asociados no están cumpliendo las reglas del libre comercio.

Las declaraciones de Kirk están en reversa con la política de Bush.

Bush cambió el mundo de izquierda a derecha

Obama lo está cambiando de derecha a izquierda. Los extremistas de izquierda no perdonan al presidente Bush el haber cambiado el mundo socialista por un mundo de centro-derecha. En el campo económico, unificó el sistema de globalización industrial, integración monetaria e inversión financiera y libre comercio entre todas las naciones como contribución al desarrollo de los países menos industrializados.

China el país comunista más poblado del universo, con más de mil trescientos millones de habitantes ha sido el más favorecido, y el mejor amigo comercial de Estados Unidos. El consumo americano de los productos chinos ha contribuido a crear millones de empleos en ese y otros países subdesarrollados. A su vez, China ha modificado sus sistemas de comunicación diplomática con el occidente, permitiendo inversionistas extranjeros y firmando innumerables tratados de cooperación con Estados Unidos. China fue uno de los países que en los cuarenta y cincuenta creó un movimiento terrorista en Colombia llamado Maoismo. Ahora participa en la organización que lucha contra el terrorismo internacional.

Rusia, otro país comunista, que también organizó movimientos terroristas de izquierda en países latinoamericanos, tuvo excelentes relaciones con Estados Unidos durante los ocho años del gobierno del presidente Bush y los dos países firmaron innumerables convenios políticos, económicos, financieros y de investigación espacial. Astronautas rusos y americanos viajaron en la misma nave espacial en el programa Soyus, por ejemplo.

El socialismo europeo encabezado por Francia y Alemania durante más de veinte años, periodo durante el cual siempre se opusieron a Estados Unidos en el Consejo de Seguridad, fue reemplazado por los presidentes de centro derecha, Nicolás Sarkozy, Ángela Merkel y Cameron, quienes asumieron el poder durante el gobierno de Bush. Francia y Alemania, igualmente, apoyaban los movimientos guerrilleros colombianos. En la actualidad, la Unión Europea trabaja al unísono con Estados Unidos. En el gobierno del presidente Obama, en forma coincidencial, los países están regresando al socialismo. Los recientes presidentes de Francia y México son socialistas. Los analistas políticos aseguran que Sarkozy perdió la presidencia por haber participado con Obama en la guerra inconstitucional contra Libia. Ángela Merkel, más inteligente, se aisló de Obama.

Georgia, Ucrania, Checoslovaquia y Polonia antiguos miembros de la Unión de Repúblicas Soviéticas se aliaron con Occidente y son miembros de la OTAN, a través de convenios políticos, económicos y de defensa militar celebrados en el gobierno de Bush.

La India, otra potencia mundial, ingresó al grupo de los países que controlan la producción de armas nucleares, con beneficios para producir energía nuclear industrial en convenio auspiciado por el presidente Bush.

Canadá Australia y México cambiaron sus gobiernos socialistas por gobiernos democráticos de centro derecha durante el gobierno de Bush.

México cambió el PRI, socialista dictadura de cuarenta años, por el presidente demócrata Vicente Fox, y su sucesor Felipe Calderón. Ahora en el gobierno del presidente Obama, en el mes de Julio, el PRI volvió a recuperar el poder, eligiendo como su presidente a Ricardo Peña. El presidente Calderón fue un seguidor incondicional de las políticas equivocadas del presidente Obama. En el caso de la entrega de armas a los narcotraficantes mexicanos, con las cuales asesinaron a cientos de ciudadanos de ese país y a un oficial federal americano en la frontera con Arizona, misión de inteligencia llamada Fast and Furious, el presidente Calderón oculto el caso a la opinión pública, que pedía una investigación para no entrar en conflicto con el gobierno del presidente Obama.

Como un paréntesis en esta relación de hechos históricos innegables, podríamos decir que la mayoría de estos países eran cómplices necesarios de los guerrilleros colombianos de las Farc, a los que llamaban revolucionarios rebeldes con motivos políticos subversivos. En los gobiernos de Bush se les denominó terroristas. El prejuicio que el gobierno americano actual tiene contra los paramilitares, que apoyados por el pueblo, en una guerra en igualdad de condiciones, sacaron a los terroristas guerrilleros del interior del país y los remontaron a las fronteras con Ecuador y Venezuela, da la impresión de que si Obama es reelegido, las Farc serían reconocidas como movimiento político. Para esto, Obama tendría el apoyo de Francia, México, Ecuador, Venezuela, Nicaragua, Bolivia y Argentina.

Vietnam, Corea del Sur, países árabes y suramericanos, como Colombia, Perú, Ecuador y todos los centroamericanos han sido beneficiados con convenios provisionales o tratados comerciales. El dictador Chávez es quien más se beneficia del libre comercio con Estados Unidos, pues el presupuesto de su país depende en más del 35 %del consumo petrolero de los llamados "imperialistas gringos".

Libia, por intermedio de su dictador Gadafi, firmó un pacto de paz con el presidente Bush, renunció a la violencia y al terrorismo y entró en un periodo de intercambio comercial con el mundo occidental, y a pesar que nunca se pudo demostrar su participación directa en la explosión de los aviones con cientos de pasajeros en Inglaterra, en el 88, se comprometió a pagar e indemnizo económicamente a los familiares de las víctimas.

Corea del Norte firmó acuerdos con el presidente Bush, mediante los cuales suspendía su programa de armas nucleares para la guerra.

Irak fue escenario de una guerra constitucional, justificada y autorizada por el Congreso en pleno.

No había la menor duda de que Hussein conocía los planes del genocidio contra Estados Unidos en Septiembre del 2001, en el cual murieron tres mil residentes americanos, pocos meses después de que el presidente Bush iniciara su periodo presidencial.

Un año antes de la invasión, Hussein expulsó la Comisión de Control Armas Nucleares de las Naciones Unidas, cuando estaba cerca de probar la realidad de esa versión.

Hussein cortaba la cabeza, la lengua y las manos a sus opositores, había suprimido el partido político del grupo religioso
chiíta, bombardeado a cinco mil kurdos y, a pesar de estos
hechos, algunos grupos extremistas demócratas americanos
lo consideraban una víctima del gobierno de Bush.

Cuando el presidente Obama recibió el poder, Irak, tenía una
Constitución Nacional, un Congreso elegido democráticamente
y tres ramas del poder público, procesos democráticos reali-
zados en el gobierno de Bush. Estos hechos irrebatibles son
negados por el Partido Demócrata.

Globalización

El Washington Post, en su editorial de Diciembre 26 del 2002,
titulado Mercado Abierto (Open Trade), afirmaba que ante la
arremetida violenta de los antiglobacionistas en la reunión de
Seatle la (WTO) Organización Mundial del Comercio había
reconocido que "debería ser más abierta". El problema es que
la organización "resuelve disputas acerca de normas existentes
en secreto", y si tenemos en cuenta que esas normas de comercio afectan aspectos básicos de la humanidad, como son la
"vida, la seguridad en la alimentación, la calidad del ambiente
y el costo de la vida, la WTO debe ser más transparente y no
resolver las disputas existentes en secreto".

Los inconvenientes y efectos de los acuerdos comerciales de
la WTO podrían muy bien analizarse desde el punto de vista
de las importaciones y exportaciones por un lado y de las inversiones de las multinacionales por otro lado.

No cabe duda que en el proceso de importaciones y exportaciones en los sectores agrícola y comercial, los países de menor desarrollo compiten en inferioridad de condiciones con
los desarrollados. La lucha es producción tradicional versus
tecnología-capital. Cada gobierno trata de defender sus propios intereses. Por ejemplo, en estos momentos en desarrollo
del Convenio Nafta, los agricultores de México no aceptan las

importaciones de Estados Unidos, porque no pueden competir con la agricultura tecnificada de este país. Y esto ocurre al mismo tiempo que en el gobierno de Bush se permitió a los camiones de México circular por las carreteras de Estados Unidos y en el gobierno de Obama se les prohibió. Argentina y Colombia deseaban vender el acero y el hierro en Estados Unidos, pero los sindicatos del acero de Pittsburgh amenazaban al Presidente de ocasionarle un bloqueo-político-legislativo si no subía los aranceles a las importaciones de acero.

Para competir con eficacia es necesario seguir el viejo modelo económico que preconiza el balance de los tres sectores tradicionales de producción, promoviendo fundamentalmente el abastecimiento interno y, segundo trazando una especialización de producción para la exportación. Solamente unos pocos países en Latinoamérica han podido vencer parte del tradicionalismo y han seguido esta orientación económica. Además de Brasil y México en ciertas áreas industriales, Colombia, por ejemplo, produce, empaca y exporta flores y café de la mejor calidad .En el sector comercial, Colombia ha tecnificado la producción textilera, convirtiendo su industria en una de las mejores del comercio internacional y por ello está en capacidad de competir con los países más desarrollados. Chile y Argentina producían vinos de calidad competitiva. Argentina puede controlar y perfeccionar los sistemas de exportación de carnes.

En este proceso de intercambio comercial, mientras los países en desarrollo se encuentran en una encrucijada, compitiendo en los sectores tradicionales de comercio y agricultura, los desarrollados compiten en el sector industrial y controlan la tecnología. Alguien tiene que sacrificarse y perder en este juego de cartas Los países subdesarrollados deben aceptar las importaciones básicas de capital y preparase para competir en el sector de exportación y los industrializados ceder parte de sus intereses, transfiriendo capital de inversión y tecnología sin condicionar sus exportaciones e inversiones a reformas drásticas que están creando violencia y resentimiento en los países latinoamericanos.

Efectos negativos de la globalización

La privatización de servicios sociales, que antes se exigía en los convenios, es uno de los grandes problemas del subdesarrollo y, generalmente, se le identifica como un efecto negativo de la globalización.

Existe una diferencia abismal entre los ingresos salariales y el costo de vida en América Latina. Los inversionistas nativos han digerido el problema y con el ánimo de llenar la brecha han aceptado como parte de la estructura social el intervencionismo estatal en las áreas de la salud y la seguridad social. Igualmente aceptan la legislación laboral que concede innumerables beneficios al trabajador, como un medio de garantizar la estabilización en las relaciones obrero –patronales en el empleo. Los trabajadores solicitan derecho a contratos laborales a término indefinido, vacaciones remuneradas , licencias remunerada por razones de maternidad para él y su cónyuge, auxilios funerarios, construcción de escuelas para niños y clubes sociales para los empleados en empresas con más de quinientos empleados, etcétera.

Los inversionistas foráneos generalmente no están de acuerdo con muchos de estos beneficios laborales, y se oponen al servicio de salud pública que se presta en los hospitales como un medio de subvención económica a los más necesitados. Igualmente, refutan el sistema de salud anexo al seguro social, el cual funciona en América Latina en forma similar al de algunos países europeos, para compensar y balancear los bajos salarios con el alto costo de vida. Mientras que el Seguro Social en América Latina presta el servicio médico y provee de medicinas a los asociados a un costo mínimo desde el momento en que se registran a los 18 años de edad hasta su muerte, en los Estados Unidos, el asociado al Seguro Social recibe los servicios de salud del seguro, de Medicare. Para obtener servicios de salud durante su existencia, los estadinenses los contratan con una empresa particular y cubren el valor de su propia medicina.

Es un hecho que sin inversión no puede haber desarrollo económico y sin desarrollo no hay empleo y, a la inversa, si no hay empleo, no hay capacidad de consumo. Los países industrializados tienen el capital, la tecnología, la capacidad de adaptación y la potestad de decidir.

Este conflicto de principios e intereses laborales, generalizado entre los países de América Latina y los inversionistas extranjeros es el más grave problema que afronta la globalización.

Del G8 al G20

Varios objetivos se consiguieron en la asamblea. El principal fue trabajar conjuntamente para ayudar al presidente Obama y a los europeos a resolver la recesión que había creado el sistema "Subprime" de vivienda, establecido en Estados Unidos desde el 2007.

Fortalecer el libre comercio como medio de crear empleo para resolver la recesión fue otra prioridad.

El grupo de los ocho se aumentó a veinte. En la asamblea mundial que citó y encabezó el presidente Bush para encontrar una solución conjunta al problema de la crisis financiera en el mes de Noviembre del 2008, hubo representación de todos los continentes y de todas las filiaciones políticas, de izquierda, de derecha y de centro. Por iniciativa de Bush, México, Argentina y Brasil representaron a Latinoamérica.

La reunión en Londres de los G20, en el 2009, presidida por el presidente Obama, fue programada en Noviembre del 2008.

A los países subdesarrollados, principalmente latinos, se les dio el derecho a influir en las decisiones que afectan la economía de los países desarrollados y a participar en las deliberaciones del Fondo Monetario Internacional y el Banco Mundial.

Se destinó la suma de un trillón de dólares, principalmente procedentes de Estados Unidos Japón, China y de Europa para auxiliar las economías de los países subdesarrollados. Se fortaleció, con 850 billones, el Fondo Monetario Internacional y se garantizó cierta libertad a los países subdesarrollados para distribuir los auxilios monetarios, sin las limitaciones tradicionales. Los préstamos podían ser destinados a fortalecer los bancos privados, o compañías de inversión privada y obras públicas, sistema que antes se prohibía. Los préstamos del Fondo Monetario Internacional eran destinados a solucionar problemas fiscales. Igualmente, se democratizó, al menos teóricamente, el sistema de elecciones de los presidentes de las dos instituciones monetarias mundiales.

Finalmente, por iniciativa y coacción de Francia y Alemania, se acordó ejercer más supervisión estatal en la inversión privada.

Declaración de Obama

El Presidente Obama dijo textualmente en su exposición de presentación ante la asamblea del grupo de los veinte países, en el 2009:

La era en que los Estados Unidos han intentado dominar el mundo de los negocios se debe acabar. Yo estoy comprometido en acciones colectivas con las más grandes economías del mundo para solucionar la actual crisis financiera".

El presidente aceptó las estipulaciones para terminar con el derecho autónomo tradicional que Estados Unidos y Europa tenían para administrar y nombrar presidentes del Fondo Monetario Internacional y del Banco Mundial. "Estoy comprometido a respetar los diferentes puntos de vista y a contribuir con un acuerdo en vez de imponer nuestras propias normas", dijo:

En el 2012, el presidente Obama candidatizó a un americano y lo impuso para dirigir los destinos del Banco Mundial.

El APEC en Perú. Bush preside la convención

En la convención del APEC en Perú - Programa de Cooperación Económica del Pacifico y Asia- de 21 países, con miembros
latinos como México, Perú y Chile y también Canadá y Estados
Unidos, el presidente Bush ratificó su respaldo a su Modelo
de Desarrollo Económico y Social, de integración comercial e
industrial internacional Y nuevamente defendió la necesidad
de crear instrumentos de coordinación de las entidades que
controlan la actividad financiera en cada país.

China, Rusia, Japón y la mayoría de los países asiáticos parti-
ciparon en esa convención.

El Presidente de Rusia, Dimitri Medvedev, en su exposición
transmitida a todos los medios de prensa se identificó con el
mundo occidental, con las causas y las soluciones del problema
financiero y también sugirió soluciones sociales y alimenticias
para la comunidad más pobre.

Centroamérica

Las negociaciones del pacto comercial de Bush con Centroamérica tuvieron un desarrollo social y político conflictivo.
Los demócratas, con mayoría en el Congreso, se opusieron
de plano a todos los tratados.

El senador y candidato Barack Obama en la campaña para
presidente del 2008 era enemigo radical de los inmigrantes y
de los convenios de libre comercio.

El senador Harry Reid y la representante Nancy Pelosi, ambos demócratas, presionaron al embajador de Costa Rica en
Washington para que se opusiera al a la ratificación del tratado.

Costa Rica fue el último de los seis países que integran el Tratado de Libre Comercio de América Central –CAFTA- que el
Domingo 7 de Octubre, mediante un referéndum, sometió a

consideración del pueblo la ratificación e ingreso al tratado, el cual fue aprobado por mayoría de votos.

La senadora Clinton se oponía a que Honduras hiciera parte del mercado centroamericano, mientras defendía la aprobación del Tratado de Libre Comercio con Singapur.

El diario Washington Post acusó directamente al senador demócrata Bernie Sanders, de Vermont, y al representante a la Cámara Michel Michaud, demócrata de Maine, por haberse trasladado de Washington a San José para participar en el movimiento de izquierda que auspiciaban Castro y Chávez contra la ratificación del convenio con Costa Rica.

Colombia en los gobiernos de Bush y de Obama

En 2006, antes de que la mayoría demócrata llegara al Congreso en el 2007, más del 90 por ciento de las exportaciones de Colombia a Estados Unidos entraba libre de arancel bajo el sistema comercial de la Ley de Preferencias Arancelarias Andinas (ATPA) y el Sistema Generalizado de Preferencias (GSP), o bajo el principio de Nación Más Favorecida (NMF). Este arancel operó en forma positiva en todos los países de Latinoamérica durante el gobierno del presidente Bush.

El Washington Post ha sido un fuerte defensor del tratado de Libre Comercio con Colombia y siempre respaldó al presidente Uribe en lucha por su aprobación, la que finalmente se logró.

El intervencionismo americano, un peligro para la democracia

"Aquellos que utilizan la violencia como medio político
para llegar al poder, nunca serán vencedores.
La violencia deja tras de sí una fuerza vencida
que mañana será vencedera.
Quiénes hoy son vencedores mañana serán vencidos.
Mariano Larra, escritor español

No hay que tenerle miedo al islamismo, dice Obama

El Islamismo rechaza la cultura americana: Hillary Clinton

Estados Unidos en Egipto, Libia, Irán, Yemen y Siria

Israel vs Palestina

Intervención política en el mundo

La lucha por el petróleo. Versión de los socialistas

El intervencionismo internacional del actual gobierno

Hay una diferencia entre el manejo del Estado del actual gobierno y los gobiernos anteriores con relación a la interrelación internacional con los otros países. Los anteriores gobiernos republicanos y demócratas usaron la diplomacia. El actual gobierno está usando la fuerza. El apoyo económico estratégico y militar a grupos armados minoritarios para tumbar gobiernos, cualquiera que sea su organización, no ha sido incluido en los programas de los anteriores gobiernos como método de intervención política en otros países.

El actual gobierno de Estados Unidos creó, causó y apoyo los famosos grupos revoluciones minoritarios que derrumbaron los reinados y dictaduras en el Medio Oriente y en el Norte de África. La intervención del gobierno en esos países fue pública, fue anunciada a través de los medios de comunicación. El Presidente solicito la renuncia a varios jefes de Estado y si no cumplían sus órdenes se les sancionaba con la destitución forzosa. Jamás se había visto en la historia de Estados Unidos este procedimiento. La renuncia generalmente se solita a empleados subalternos de una misma institución cuando comente faltas.

Obama selecciona gobiernos.
¿No hay que tenerle miedo al islamismo?

"Es la conducta política de los partidos y de los gobiernos -árabes- que nosotros tenemos en cuenta para decidir, no la relaciones con el Islamismso. No tenemos que tener miedo al Islamismo".

Un comunicado de la Casa Blanca considera que existían muchas corrientes religiosas en el mundo islámico, pero que el presidente Obama respaldaría solamente aquellas que no constituyeran peligro para Estados Unidos.

"We should not be afraid of Islam in the politics of these countries. It is the behavior of political parties and governments that we will judge them on, not the relationship with Islam", decia el comunicado de la Casa Blanca".

El periodista Scott Wilson, del Washington Post, con fecha de Marzo 4 del 2011, decía que después de las revoluciones en África y en el Medio Oriente habría levantamientos en los países árabes, hechos que están ocurriendo en la actualidad.

Más del 90% de la población árabe sigue el Korán y la Ley Sharia, y el Islamismo es la religión oficial en todos los países árabes, garantizada constitucionalmente. La política y la religión están integradas al unísono en estos países.

Rechazo del islamismo a la cultura americana. Hillary Clinton explica las razones al Congreso

El Congreso de Estados Unidos, por considerarlo inconveniente para las relaciones internacionales y no ser prioritario dentro del prepuesto federal suprimió una partida de la Secretaría de Estado que preside Hillary Clinton, destinada a contratar programas en el Internet para transmitir la cultura de Estados Unidos a los países árabes.

En testimonio ante la Comisión de Relaciones Exteriores del Congreso defendió la importancia de su programa en el Medio Oriente y explicó las razones de la posición negativa del mundo árabe contra la intromisión de Estados Unidos en la política del Norte de África y del Medio Oriente, en los siguientes términos:

"Even as it seeks to influence events in Libya and the rest of the Middle East, the United States is losing the crucial war for world opinion, its message distorted by popular culture and crowned out by Arab language news media, Secretary of State Hillary Clinton said Wednesday. So warped is the image of the Unites States in many parts of the World that some people regards the United States as a land of bikini-clad woman and professional wrestler, said Clinton. We are in information war, and we are losing that war, said Mrs. Clinton, before the Senate foreign Relations Commission". Arabic-language cable channel are filling the gap in the middle east shaping popular views of the United States held by millions of Arabs speakers".

"Los Estados Unidos están perdiendo una guerra de opinión mundial. El mensaje de Estados Unidos está siendo distorsionado por los medios de comunicación árabes y por la cultura popular. En el mundo se piensa que Estados Unidos es un país superficial, en el cual el nudismo, el exhibicionismo sexual femenino a través del bikini y la lucha libre representan la cultura americana. Estamos perdiendo la guerra de información mundial. Los canales de televisión transmiten estos conceptos a millones de árabes."

La señora Clinton fue honesta al reconocer el desprestigio moral de Estados Unidos en el mundo árabe, pero, a la vez, fue ingenua, al fundamentarlo en causas simples, de nudismo femenino, lucha libre y películas pornográficas.

La Casa Blanca no estuvo de acuerdo con el sistema de intervención cultural de la Secretaría de Estado y en vez de usar el Internet decidió apoyar directamente a los grupos revolucionarios o terroristas, según eran calificados desde otro punto de vista, contra los países árabes, de acuerdo con la orientación política de cada gobierno, y no religiosa, como se afirma en el comunicado de la Casa Blanca. La incógnita que se encuentra en la decisión del presidente Obama es que todos los gobiernos depuestos habían sido los mejores amigos de Estados Unidos en los últimos diez años.

Como se dice en Latinoamérica, " El mejor amigo puede ser el peor enemigo. Estados Unidos es el peor enemigo de sus amigos".

Obama exige renuncia a presidentes del mundo árabe

Las revoluciones comenzaron a surgir, coincidencialmente, después de la visita de presentación oficial que el presidente hizo a Egipto y Turquía en el 2009. La intervención directa funcionó. En el término de un año y medio hubo cinco gobiernos destronados: Túnez, Morocco, Egipto, Libia, Yemen y, seguramente, Siria será el próximo. La participación de Estados Unidos en las revoluciones de Egipto, Libia y Yemen fue ampliamente divulgada por la Casa Blanca en todos los medios de comunicación.

Yemen

El presidente de Yemen, Abdullah Saleh, fue quien afirmó que el presidente Obama quería ser el rey del mundo y que el embajador americano estaba auspiciando a los revolucionarios que le propinaron las lesiones por las que se encuentra incapacitado en la actualidad. La ayuda a los revolucionarios de Yemen no fue un programa secreto. Parece que derrumbar gobiernos capitalistas petroleros árabes y entregar el poder a grupos minoritarios populistas reaccionarios en el Medio Oriente y el Norte de África desde que llegó al poder fue un objetivo de la política internacional del actual gobierno.

Egipto

Obama auspicia la revolución y pide la renuncia al presidente Mubarack. Discurso de Obama originó la revolución.

La revolución contra Mubarak comenzó en el 2009, fecha en que el presidente Obama pronuncio un elocuente discurso en la Universidad de El Cairo, invitando a los estudiantes a luchar por la democracia. Egipto era un país, aparentemente pacifico, sin movimientos revolucionarios violentos.

El presidente Mubarak, de Egipto, era el mejor aliado que Estados Unidos tenía en el mundo árabe. Desempeñaba el cargo de coordinador en la pelea territorial entre Palestina e Israel y el representante del Medio Oriente en las relaciones con Estados Unidos. Lo consideraban un dictador protector de la libertad de culto. Después de la revolución democrática, la Iglesia cristiana ha sido atacada, sus templos han sido incendiados y docenas de fieles han sido asesinados. Además, el derecho a concentrarse públicamente les ha sido negado. El 95% de la población es musulmana.

A petición del presidente Obama, Mubarak renunció en el 2010, mediante un convenio de inmunidad, que Estados Unidos incumplió, y hoy se encuentra en turno para ser ejecutado por los nuevos demócratas egipcios.

La teoría del presidente Obama de juzgar gobiernos por sus estilos políticos y no religiosos le ha fallado en Yemen, Egipto y Libia.

El gobierno revolucionario egipcio procesa criminalmente a 16 americanos por intervenir en política.

La Junta Militar de común acuerdo con los magistrados y el Congreso, integrado en su mayoría por el movimiento extremista Brotherhood, vencedores en las elecciones parlamentarias, han ordenado la detención y el juzgamiento de los directivos de las organizaciones americanas que, según el nuevo gobierno, causaron la revolución contra Mubarac y ahora están creando el ambiente para destronar a la junta militar provisional y aislar a los revolucionarios, originalmente apoyados por Estados Unidos, según lo han anunciado los medios de comunicación egipcios. El sistema judicial está en las manos del Brotherhood. En el período pre-revolucionario, el gobierno americano negaba la participación del Brotherhood en la política futura de Egipto.

El Domingo 26 de Febrero del 2012 se inició formalmente el proceso contra 16 americanos, que pertenecían a cuatro organizaciones sin ánimo de lucro, pero sustentadas con dinero del gobierno.

Estas entidades han sido acusadas de "espionaje y de funcionar ilegalmente en el país. La mayoría de sus miembros son representantes de la CIA, dijo el Procurador General de Egipto señor Suleiman. Esas organizaciones reúnen información en Egipto y la remiten a la Secretaría de Estado de Estados Unidos.

El señor Sam Lahood, principal sindicado, director de la organización Internacional Republican Institute es hijo del actual Secretario de Transporte de Estados Unidos, Ray Lahood.

Freedom House era otra organización americana en Egipto, que colaboró con el restablecimiento de la democracia. Monitoreando al parlamento y llevando a cabo planes para perfeccionar el sistema democrático en Egipto eran varias de las funciones encomendadas por el gobierno americano.

El nuevo gobierno revolucionario democrático de Egipto invadió las oficinas y retuvo toda la documentación de las organizaciones americanas, creando un conflicto entre los revolucionarios vencedores y el gobierno americano, que le otorga a Egipto un subsidio anual por 1.55 billones de dolares.

El gobierno americano amenazó a los revolucionarios con eliminar el subsidio Internacional de $1.55 billones de dólares, que pagan los contribuyentes si no entregan a los americanos, a quienes se les ha prohibido salir del país mientras dura el juicio, después de haber sido detenidos provisionalmente. El impase estaba vigente a la fecha de Febrero del 2012.

Los egipcios han rechazado la petición de Estados Unidos para liberar a los americanos y suspender el proceso. Da la impresión de que Egipto quiere romper definitivamente con la dependencia económica y política de Estados Unidos.

En un reportaje publicado por el Washington Post, con fecha 9 de Febrero de 2012, el periodista Ernesto Londoño afirmó que el Juez Investigador o Procurador General acusó a los americanos de los delitos de evadir el pago de impuestos, haber entrado al país con visa de turistas, estar trabajando ilegalmente, sin licencia, intervenir en política dando asesoría a determinados movimientos sin la autorización del Gobierno, delitos por los cuales pueden ser condenados a una pena hasta de cinco años.

El Primer Ministro, Kamal el-Ganzouri, respaldó la investigación y dijo que Estados Unidos va contra nosotros por defender nuestros derechos.

De los veintidós países árabes que forman la Asociación, solamente los Emiratos Árabes y Katar, países pequeños, jugando a la supervivencia, respaldan la política intervencionista del presidente Obama en el Medio Oriente y en el Norte de África.

El Rey de Arabia Saudita, otro líder tradicionalmente amigo de Estados Unidos, que produce el 70% del petróleo mundial, no pudo evitar que el gobierno de Obama interviniera en Yemen y Bahrain, dos países que Arabia Saudita consideraba integrantes de su jurisdicción territorial.

Siria

El gobierno del presidente Obama anunció públicamente su ayuda a los revolucionarios de Siria para derrocar el gobierno del presidente Assah. La secretaria de Estado, Hillary Clinton, presidió en Túnez, una conferencia internacional el 25 de Febrero de 2012, con delegados de varios países, llamados "amigos de Siria".

Los gobiernos decidieron no participar oficialmente con sus fuerzas militares para evitar la crítica internacional de los amigos del gobierno de Siria.

Los delegados acordaron, en cambio, aportar dinero en efectivo, para comprar armas en el mercado comercial y trasladarlas a los revolucionarios sirios a través de países vecinos de Arabia Saudita, Turquía y los Emiratos Árabes.

Estados Unidos ofreció aportar diez millones de dólares. El jefe de los revolucionarios sirios, invitado a la reunión, tuvo una entrevista privada con la Secretaria de Estado, Hillary Clinton.

La intervención en Siria, similar a la de Libia

La periodista Karen Deyoung, desde Londres, con fecha Febrero 24 de 2012, un día antes de la asamblea en Túnez, en el Washington Post y en la BBC informó:

"La Secretaria de Estado, Hillary Clinton, ha convocado a una reunión internacional en la ciudad de Túnez para apoyar los revolucionarios que están luchando contra el gobierno sirio. En Londres, donde se encuentra antes de viajar a Túnez declaró a los periodistas que las fuerzas opositoras muy pronto serán capaces de llevar a efecto una ofensiva contra el gobierno del presidente Bashar al-Assad".

La señora Clinton dijo textualmente: Los revolucionarios de cualquiera manera y desde algún lugar encontraran los medios de defenderse, como también de iniciar los sistemas ofensivos de ataque.

"They will from somewhere o somehow find the means to defend themselves as well as begin ofensive measures", lo que se ha interpretado como suministro de armas, equipo y ayuda militar al movimiento de oposición sirio, denominado Free Syrian Army.

"Países asistentes a la reunión sugirieron que para evitar un envío oficial directo, lo mejor es comprar armas en el mercado comercial y transferirlas a los revolucionarios. Esta situación es comparable con lo que se hizo en Libia con el suministro de armas.

La oposición a las guerras tiene mayoría en el Congreso

El candidato republicano de la juventud, Ron Paul y Sara Palin del Tea Party y el congresista Dennis Kucinich, director del grupo llamado "Perros azules" por los demócratas oficialistas, se opondrían en el Congreso a cualquier intervención militar de Estados Unidos en el exterior, sin que haya un interés nacional que defender. Este es un problema interno que los sirios tienen que solucionar, no las potencias extranjeras, alegan los pacifistas americanos.

Israel vs Palestina y posición de EE.UU.

Después de la segunda guerra mundial existía un territorio árabe ocupado conjuntamente por palestinos e israelitas, localizado entre el Mediterráneo, el Canal de Suez, Egipto, Jordania, Siria y Líbano. El 29 de Noviembre de 1947, las Naciones Unidas, con votación de 33 contra 13 votos, aprobó la creación de la Republica de Israel. No hubo fronteras determinadas con claridad específica. Los palestinos quedaron ocupando la parte remanente, pero sin ser reconocidos como nación.

Un año después, en 1948, Israel fue invadido por Egipto, Líbano, Jordania y Siria, países cuyos linderos circundaban los trazados para Israel. En 1967, los árabes atacaron de nuevo, pero Israel, apoyado por Estados Unidos, venció a los árabes, recuperó las franjas de Gaza y Cisjordanas y ocupó las aéreas llamadas el Golán y Sinaí. Jordania y Líbano tranzaron con Israel.

En 1973 estalló una nueva guerra y en 1979 Israel devolvió Sinaí a Egipto mediante un tratado de paz entre los dos países. Este tratado de paz causó posteriormente el asesinato del presidente Sadat, a quien los palestinos consideran como traidor al mundo árabe. Sadat fue reemplazado por el presidente Mubarack, quien ratificó el Tratado, celebró convenios comerciales y políticos con Israel, reafirmó las relaciones diplomáticas con Estados Unidos y se convirtió en un conciliador, para alcanzar un tratado de paz entre los contendientes. A partir de ese momento el señor Mubarak fue calificado como la "oveja negra" del mundo árabe.

A partir de 1990 surgió el líder Arafat, para defender los derechos palestinos. Arafat utilizó el terrorismo como medio de lucha contra Israel e inventó el sistema del "hombre bomba suicida", llevando a efecto innumerables atentados contra los israelitas y contra quienes los respaldaban. Derribó aviones comerciales con pasajeros inocentes de muchos países, respaldado por el señor Hussein, presidente de Irak, quien ofrecía públicamente en la televisión, 25 mil dólares a las familias de los inocentes que murieran destrozados en ataques contra Israel o sus amigos. El presidente Libio, Gadafi, igualmente, apoyaba a Arafat, pero en convenio con el presidente Bush se arrepintió, se apartó de Arafat y comenzó a colaborar con Estado Unidos.

El presidente Clinton aceptó a Arafat como negociador político y fue recibido con honores en la Casa Blanca en muchas ocasiones. El presidente Bush nunca quiso reunirse con Arafat, a quien consideraba un terrorista y no un político con capacidad de actuar como intermediario en un convenio internacional.

El premio Nobel de la Paz fue concedido al terrorista Arafat antes de morir. La metodología de Oslo, en la mayoría de los casos, es seleccionar extremistas y políticos de izquierda, de tendencia socialista, para adjudicarles el Premio Nobel de la Paz.

Los orígenes de ese conflicto, indudablemente, tienen principios religiosos que se remontan a épocas anteriores al nacimiento de Jesucristo. Los palestinos, de todas maneras, tienen derecho inalienable a que las Naciones Unidas les cree una nación, con iguales derechos y obligaciones que tiene Israel.

Flip fiop del Obama en el Conflicto Palestino-Israelí

a) El 18 de mayo de 2012, un día antes de celebrar una audiencia con el primer Ministro de Israel, previamente concertada, y sin escuchar su opinión, el presidente Obama lanzó su plan para solucionar el conflicto Palestino–Israelí: regresar a la situación territorial existente antes de la guerra de 1967.

Lógicamente, esta decisión unilateral constituía un acto de irrespeto a Israel, una bofetada a su primer Ministro, un desacato a las Naciones Unidas, que crearon el Estado y una violación a los convenios de paz, celebrados entre Israel, Jordania, Líbano y Siria. De acuerdo con esta solución, Jerusalén sería la capital de Palestina.

b) El 19 de mayo. Audiencia con el Primer Ministro de Israel. La solución territorial dada por el presidente Obama, sin consentimiento de los israelíes, fue rechazada totalmente por su Ministro.

c) El 20 de mayo, el Congreso de Estados Unidos, demócratas y republicanos, al unísono, repudiaron la actitud del presidente Obama de preestablecer una solución a un conflicto internacional sin escuchar la parte contraria e invitaron al primer ministro de Israel a exponer sus ideas ante el Congreso y le dieron pleno respaldo.

d) El 22 de mayo, el Presidente, como es su costumbre, expuso nuevas tesis del tema en discusión, rectificó su plan, pero no convenció a los analistas y menos al pueblo israelí. La Casa Blanca dijo que sus declaraciones fueron mal interpretadas, pero ningún americano educado compró esa teoría. Lo dicho estaba escrito y no tenía doble interpretación.

Efectos del cambio de gobierno contra Israel. Un dictador pacifista, reemplazado por extremistas

Egipto ha restablecido las relaciones con el grupo palestino Hamas, que Estados Unidos ha incluido en los anales de la Secretaría de Estado como un movimiento terrorista.

El nuevo gobierno ha abierto una ruta que conecta a Egipto con la franja de Gaza, que los terroristas utilizarán para transportar armas e incrementar la lucha contra Israel, ruta que había sido negada por el gobierno de Mubarak.

Las dictaduras son necesarias en países subdesarrollados, en muchos casos, para atajar extremistas e izquierdistas, que casi siempre pretenden llegar al poder a través de la violencia y del terror contra las mayorías. Las comunidades de los países industrializados con sistemas democráticos no entienden este cuestionamiento fácilmente.

Irán

Es muy difícil saber cuál es la intención de la Casa Blanca frente al supuesto arsenal nuclear de Irán. El Presidente y el Secretario de Defensa, León Panetta, hace pocas semanas dejaban la impresión de que la guerra contra Irán para detener el programa de producción de armas nucleares era inevitable. El presidente se entrevistó hace un par de meses con el primer Ministro de Israel en una conferencia económica internacional y le prometió apoyarlo en caso de que Israel, con conocimiento de causa, atacara a Irán.

Durante la primera semana de Marzo de 2012 cambió diametralmente. El Gobierno negó la posibilidad de una guerra contra Irán. El proceso político se está pareciendo a lo que ocurrió en Libia. El Gobierno negaba la posibilidad de una guerra que estaba preparando en secreto. Muchos expertos afirman que la guerra contra Irán es inevitable.

La International Atomic Energy Agency, IAEA, de las Naciones Unidas, no tiene ninguna prueba de que existan armas nucleares.

El propio presidente Obama dijo, según el Washington Post, que "Iran is not yet in a position to obtain a nuclear weapon", así que por un largo tiempo no sabremos si ellos están haciendo el intento.

Israel hace el mismo juego que hizo en el gobierno de Bush

Los judíos hicieron el mismo juego político en el gobierno de Bush, en épocas electorales. En el 2003, los cuerpos de inteligencia prepararon un informe solicitado por la Casa Blanca, en el cual afirmaban que Irán tenía todos los elementos necesarios para fabricar armas nucleares. Con base en ese informe, el gobierno judío presionó al presidente Bush para que atacara a Irán. Bush aceptó el informe como verdadero y lo defendió públicamente, pero se negó a atacar a Irán. En esa época se preparaba la campaña para su reelección. Ese informe fue desmentido en el 2007, cuando Bush no podía ser reelegido por disposición de la Constitución Nacional.

Armas nucleares de Irán en el 2003. Informe de NIE en el 2007 lo desmiente. Conflicto entre la Casa Blanca y el NIE.

El silogismo aristotélico y el espionaje. En todos los países, las investigaciones e informes relacionados con la seguridad nacional se mantienen en secreto y están concentrados en la cabeza del Presidente y su grupo de asesores. Parece que en Estados Unidos es diferente, según se discutía en el 2007.

El NIE es un organismo coordinador e informativo, del cual hacen parte la CIA y 17 departamentos de inteligencia de Estados Unidos, según Vanee Vines, vocera del director del Servicio de Estudios de Inteligencia Nacional, en el gobierno de Bush, que evaluaba situaciones concretas, relacionadas con la seguridad nacional y emitía comunicados de sus conclusiones para conocimiento público.

Por una parte, el gobierno del presidente Bush, en coordinación con la mayoría de los países europeos, fundamentándose en las investigaciones científicas de las agencias de inteligencia estaban acusando al Gobierno de Irán de estar construyendo los mecanismos necesarios para producir armas nucleares, las que en poder del Presidente de ese país constituirían una amenaza para la humanidad.

El NIE informó en el 2007 que Irán había suspendido el programa de armas nucleares desde el año 2003.

El servicio nacional de inteligencia unificado de Estados Unidos se identificó con Irán y publicó un estudio que contradijo al presidente Bush y la posición política de la mayoría de los gobiernos industrializados del mundo, que buscaba controlar la capacidad de Irán para producir armas nucleares.

El NIE dio a conocer dos estudios sobre el caso de Irán: el primero, en 2005, en el que concluyó que Irán tenía los medios necesarios para producir la bomba atómica y el segundo, en Diciembre del 2007, donde el NIE contradijo su informe y afirmó que Irán había suspendido el proceso de producción de armas nucleares desde el año 2003.

"Nosotros juzgamos con bastante confianza que en el año 2003 Teherán suspendió el programa de armas nucleares". Irán, posiblemente, estaría en capacidad de producir suficiente uranio para crear un arma nuclear para el año de 2009. La construcción de Warhead, cabezas de lanzamiento nuclear para la guerra, puede ocurrir entre 2010 y 2015, pero la decisión de Teherán está guiada por el costo-beneficio del programa, por encima de una premura para producir armas nucleares", decía el informe del NIE, publicado por los medios de comunicación.

Costo-Beneficio

Según el silogismo del NIE, la producción de armas nucleares de Irán depende del costo-beneficio, y como ahora no tiene la capacidad económica y el beneficio para Irán no es importante, no tiene afán en la construcción de bombas atómicas. Por lo tanto, el programa de armas nucleares de Irán no es un peligro para la humanidad. En una segunda hipótesis, Irán suspendió una de las tres estructuras necesarias para producir armas nucleares. En conclusión, no producirá bombas atómicas. El resultado del análisis realizado por el NIE sobre el programa de las armas nucleares de Irán no fue comunicado oportunamente al presidente Bush, quien terminaba sus funciones presidenciales en el 2008.

La Casa Blanca de Bush tenía su hipótesis para continuar negando la investigación científica del NIE. El asesor de Seguridad Nacional, Stephen Hadley, de la Presidencia de la República, en un comunicado de prensa, rebatió el informe del NIE con otro silogismo: Irán posee los tres componentes necesarios para producir bombas atómicas: warheads, misiles y uranio. Solamente ha suspendido la construcción de warheads, que no es el componente más importante de las armas nucleares. Por lo tanto, Irán está en capacidad de producir la bomba atómica actualmente, si lo considera benéfico para su país.

El comunicado del asesor Nacional de Seguridad expresa que "si este análisis es correcto, podríamos testimoniar que el gobierno de Irán no ha efectuado ninguna suspensión del programa para crear armas nucleares, como lo dice el NIE, sino que la situación es más peligrosa, pues se introducirá progresivamente cuando la producción de material nucleíco sea fertilizado".

El informe del NIE ridiculizó al presidente Bush en el exterior, debido a que horas antes de su publicación, el Presidente reiteraba públicamente la tesis de que Irán tenía la infraestructura suficiente para producir armas nucleares.

Un senador demócrata manifestó entonces que si el presidente Bush no había sido informado previamente se debía a que era incompetente e ingenuo y ha debido destituir al director de la organización inmediatamente.

Otros comentaristas dieron a entender que el informe del 2007 había sido una retaliación burocrática contra la Casa Blanca. Indicaron que los señores Tom Fingar, subdirector de la Organización Nacional de Inteligencia y Análisis, Van Van Diepen, funcionario de la Oficina Nacional de Inteligencia por WMD y Proliferación, y Kenneth C. Brill, funcionario del Departamento Nacional de Inteligencia, redactores del informe, habían trabajado durante el primer período del presidente Bush en la

Secretaría de Estado, pero habían tenido que separarse de sus cargos por falta de coordinación con la política administrativa sobre control de armas internacionales.

Por su parte, el senador republicano John Insign propuso la creación de una comisión paritaria de seis miembros para estudiar la veracidad e imparcialidad del informe. El señor Tory Mazzola, asistente del senador Ensign, agregó que el informe tenía un objetivo político, en vísperas de las elecciones presidenciales de año 2008, para desprestigiar al presidente Bush y favorecer el candidato demócrata.

En conclusión, no se sabe, en realidad, si Israel es el mejor amigo de Estados Unidos o el peor enemigo. Un amigo es aquel que ayuda, que coopera, que aconseja a sus amigos a realizar buenas obras y a evitar problemas. Un enemigo es aquel que presiona, que coacciona, que abusa de la amistad y del poder decisorio para conseguir sus objetivos a través de sus amigos.

Por más de quince años, Israel ha venido fraguando una guerra contra Irán, afirmando que está preparando una bomba atómica para destruir su país. Hasta Marzo de 2012, los cuerpos de inteligencia de Estados Unidos y la AIAENE-UN, de las Naciones Unidas, no han probado esa acusación.

Es un hecho reconocido que los judíos tienen una gran influencia política y económica en Estados Unidos. Dirigentes de ambos partidos tratan de alagar y conquistar el voto judío. En época electoral, el gobierno judío ejerce más presión sobre los estamentos políticos. Aprovechan la debilidad mental de los dirigentes en vísperas electorales para conseguir sus objetivos. Esta es la costumbre. ¿No es otro abuso de los amigos? El primer Ministro de Israel, señor Netanyahu, a quien el ex presidente francés, Nicolás Sarkozy, llamó una persona desagradable, se pasea por todos los canales de televisión de Estados Unidos sentando cátedra y dando órdenes, como si fuera un súper presidente americano.

Estados Unidos subsidia a Israel con billones de dólares anualmente, con dinero que pagan los contribuyentes americanos, le suministra armamento y apoyo logístico militar y, con ese apoyo logístico, Israel piensa invadir a Irán.

¿Es Irán, aun con bomba atómica, un peligro inminente para la seguridad de Israel y Estados Unidos?

Irán es una gota de agua en el mar, si lo comparamos militarmente con Estados Unidos. Irán lo sabe. También sabe que atacar a Israel es atacar a Estados Unidos. Estados Unidos tiene la Flota 5th en Bahréin y barcos estacionados en el Golfo Pérsico, a pocos metros de distancia, que eliminarían a Irán en un par de horas. Irán nunca se atreverá a atacar a Israel. Esa es la conclusión.

Todo parece una farsa política de ambos países. El señor Netanyahu no es un líder apreciado en su país. El supuesto poderío de Irán sobre Israel ha sido la gran mentira para mantener al pueblo unificado a su alrededor.

Hillary con Arafat

Los demócratas siempre han estado del lado de Palestina contra Israel. Hillary con Palestina en 1999.

En el año de 1999, la señora Hillary Clinton, esposa del entonces presidente de Estados Unidos, en esa época viajo a Israel para participar en unas reuniones entre palestinos e israelitas. Suha, la esposa de Yasser Araffat, representante de Palestina, comenzó a acusar a Israel, en una conferencia de prensa, por estar atacando a los palestinos con bombas venenosas y cuando terminó su exposición, la señora Clinton le dio un beso en la mejilla para felicitarla por su coraje, hecho que se interpretó como respaldo del gobierno de Clinton a los palestinos, lo que creó un conflicto diplomático entre Israel y Estados unidos.

Los republicanos que están a favor de la guerra cometen un error

El bloque de los republicanos, que llaman del establecimiento o tradicionales, igualmente están buscando el apoyo de los judíos para elegir un republicano a la presidencia y apoyan la guerra. Estos republicanos están cometiendo un error.

Republicanos contra la guerra

Sara Palin, un genio de la política, que mantiene al presidente Obama en insomnio permanente, se ha opuesto a la guerra contra Irán. Esta líder sabe perfectamente que la guerra sería la infraestructura para la continuación de Obama en el poder. Ella ha dicho que la prórroga de Obama por otros cuatro años conduciría a la destrucción total de Estados Unidos.

El congresista y candidato republicano de la juventud Ron Paul, ha afirmado que no hay un solo indicio que pruebe que Irán tiene una bomba atómica o está en vísperas de construirla.

Demócratas contra la guerra

Por otra parte, el líder congresista demócrata Kusinick, insultado por los oficialistas de su partido con el apelativo de "perro azul", se opone con su grupo a la guerra,

Militares contra la guerra

El mayor general Paul Eaton, el general Robert G.Gard , el general Joseph Hoar, el general John H Johns, el general Rudolph Ostovich, el coronel Lawrence Wilkerson y Tom Fingar y Paul Pillar, directores de agencias de Inteligencia, expidieron el siguiente comunicado dirigido al presidente Obama, solicitándole no ejecutar una guerra contra Irán, ni tampoco apoyar un ataque israelí. Dicen: The US, military is the most formidable military force on earth. But not every challenge has a military solution.—Military action at this stage is not only unnecessary, it is dangerous, for the United Stage and for Israel. We urge you to resist pressure for a war of choice with Iran."

Secretario de Defensa, León Panetta, contra guerra con Irán.

El señor Panetta, al dejar constancia de que está contra la guerra con Irán, está cuidando su futuro contra posibles investigaciones criminales que surgirían en el futuro, en caso de una guerra inconstitucional. El anterior Ministro de Defensa, Gates, quien se opuso a la guerra contra Libia, obró en la misma forma, y a pesar de su asesoría, el Presidente hizo la guerra, atendiendo los consejos de empleados de segunda categoría. Las acusaciones internacionales contra Estados Unidos duermen en los anaqueles de varias organizaciones internacionales. Seguramente se despertarán cuando los funcionarios salgan del poder.

El señor Paneta ha aconsejado al presidente en los siguientes términos: Te Untad Status obviously be blamed and we could be possibly be the target of retaliation from Iran, striking our ships, striking our military bases.. I think that the consequences could be that we would have and escalation that would take place, that would not only involve many lives, but I think could consume the Middle East in a confrontation and a conflict that we would regret.

El ministro Panetta hace pocas semanas dijo que el ataque a Irán podría ser en mayo o en la primavera y que la intervención militar no estaba descartada. Por otra parte, los medios de comunicación informaron hace varios meses que el Presidente en la reunión económica en Europa, se había entrevistado con el señor Netanyahu y le había ofrecido apoyo militar en caso que Israel resolviera atacar a Irán.

El ex presidente Carter, quien siempre ha estado con Palestina, se opone, igualmente, a la guerra contra Irán.

El Ministro del Interior de Francia conceptuó que la guerra contra Irán tendría resultados catastróficos.

El pueblo israelita no está de acuerdo con la guerra. El señor Netanyahu está ignorando el sufrimiento que puede golpear a su comunidad con una guerra injustificada.

El secretario de Defensa Gates, el Jefe del grupo de Inteligencia e Hilary Clinton se oponían a la guerra contra Libia. Sin embargo, la guerra se ejecutó, aun violando la Constitución Nacional. Aparentemente se consiguió el objetivo final, se derrumbó el dictador Gaddafi. Pero hubo miles de inocentes víctimas y el país destruido. Valía la pena dejar miles de familias sin sus padres, para darle el derecho político burocrático y económico a un grupo minoritario, que integraban los revolucionarios extremistas que tienen una legislación que se fundamenta en la Ley Sharia, que limita innumerables derechos a quienes no profesan el islamismo.

Como decía Mariano Larra, citado anteriormente, la violencia deja tras de sí una fuerza vencida, que será vencedora.

Libia
Gadafi vs Obama. De amigos a enemigos.
La de Libia, una guerra inconstitucional

No había causa justa para invadir a Libia

Estados Unidos no tenía justificación para invadir a Libia
ni bombardear su infraestructura y tratar de derrocar a su
presidente, aunque fuera un dictador despreciable, sin causa
justa. Libia, en ningún momento, estaba atentando contra la
seguridad nacional y los intereses de Estados Unidos, circunstancias requeridas por la Constitución Nacional para invadir
o declarar la guerra a otro país.

Obama y Gadafi, primero amigos,
después enemigos a muerte

Gadafi hacía parte de los líderes árabes aliados de Estados
Unidos. En el mes de Febrero del año 2011, el hijo del dictador, quien se presume fue eliminado por uno de los misiles
lanzados por nuestro país contra territorio Libio, obtuvo visa
de diplomático para ingresar a Estados Unidos a especializarse
en una Universidad en negocios internacionales. En la asamblea de las Naciones Unidas en el 2009, el dictador Gadafi fue
recibido en Nueva York por el presidente Obama como gran
amigo, intercambiaron elogios en los discursos presidenciales
y el dictador dijo textualmente :"Obama es mi hijo africano
predilecto".

En el 2010, en la conferencia de los 20 en Londres, hubo una
transacción internacional extraoficial entre el primer ministro de
Inglaterra, el dictador Gadafi y el presidente Obama, mediante

la cual los presidentes de Occidente autorizaban el traslado de
Abel Al-Migrahi, el criminal que explotó un avión de Pan Am,
en 1988, sobre territorio británico, en donde murieron 175
pasajeros americanos, de una cárcel de Seguridad de Inglaterra
a una casa de reposo en Libia y según el nuevo Primer Ministro
de Inglaterra, Gadafi ofrecía en contraprestación, privilegios
a la empresa petrolera British Petroleum Company - B.P.-,
compañía que ocasionó el derrame petrolero que mató más
de media docena de funcionarios en Estados Unidos.

Migrahi fue recibido como un héroe en Libia y el día de su
traslado, el presidente Obama, en conferencia televisada, justificó su decisión, con base en razones humanitarias.

Apoyo electrónico a los rebeldes

Por intermedio de la Broad Casting Board of Governors, la
Casa Blanca celebró contratos con varias empresas de alta
tecnología en comunicación internacional, entre otras, con
Top Proyect y Ultra Reach, cuyo objetivo era y es trasmitir los
mensajes de la Casa Blanca a los rebeldes árabes.

Secretario de Defensa contra la guerra

El general Carter F. Ham, jefe del Comando de las Fuerzas
Armadas americanas en África, quien fue el encargado de dirigir la invasión por orden del presidente, dijo al Congreso el
30 de Marzo, que existía la posibilidad de un "alto al fuego "y
de crear una división territorial en Libia, desde la cual Gadafi
continuaría controlando parte del país. "I do see a situation
where that could be the case". Cuando le fue asignada la coordinación de las operaciones en Libia, había informado: "If
the revels were operating a military vehicle or heavy weapon
they would get no support". Si los rebeldes operan vehículos
militares o armas pesadas de largo alcance, no tendrían nuestro apoyo".

El ministro de Defensa, Robert Gates, dijo en innumerables ocasiones que no estaba de acuerdo con la guerra. Libia no está poniendo en peligro la seguridad nacional, y "Libia no es de vital interés para la Republica" y Estados Unidos tampoco tiene como objetivo "derrocar el presidente Gadafi", dijo el ministro de Defensa ante las comisiones del Congreso, antes de la invasión.

Las declaraciones públicas del secretario de Defensa estaban en contraposición directa con las afirmaciones del presidente Obama, quien decía que la invasión era de interés para Estados Unidos y que el presidente Gadafi debía renunciar "now", inmediatamente, en el acto. El ministro Robert M. Gates sigue protegiendo su futuro. Con fecha 2 de Abril, el Washington Post dijo que "the opposition leadership it is a broadly disparate disaggregated group". "El liderazgo de la oposición es un grupo completamente desorganizado" y no merece apoyo. Uno de los funcionarios del Gobierno, en el mismo artículo expresó que "It is posible that Gaddafi could be assassinated but by all accounts he is very paranoid and he will fend for his own survival". Es posible que Gadafi sea asesinado, pero es difícil porque Gadafi es un paranoico, que luchará por su propia supervivencia". En contraste Gates ha manifestado que semejante solución no está en los planes, "Gates did not mention such an outcome". La renuncia del secretario es un hecho patente.

El jefe de la Seguridad Nacional, James Clapper, dijo, en términos que no dejan dudas, que era absurdo proteger a los rebeldes, porque conduciría a una guerra civil. "Gadafi régimen will prevail", el régimen de Gaddafi triunfará". Los funcionarios de la Casa Blanca, varios de ellos musulmanes, que estaban planeando la guerra, inmediatamente pidieron la renuncia del señor Clapper por ser considerado desleal al Presidente.

El almirante Mullen, asistente personal del presidente, coordinador de los grupos de Inteligencia en la Casa Blanca, dijo en un programa en la CBS, la semana pasada que hay la posibilidad de que Gadafi permanezca en el poder.

Evitar una guerra civil sangrienta, objetivo de los militares.

El mensaje del Secretario de Defensa y los asistentes militares del Presidente era claro, en contra del plan de los asistentes civiles que prefieren la guerra. Evitemos una guerra civil, que de ejecutarse morirían miles de víctimas inocentes en Libia. Si usted insiste, señor Presidente, usted y sus asesores desleales con usted y con la patria serán los responsables de las masacres.

Libia, campo de batalla por el petróleo

La solución para evitar una guerra civil en Libia, que dejaría miles de inocentes víctimas, es dividir el país en dos: Tripoli seguirá siendo la capital de Libia, y Benghazi sería la capital del nuevo país, al oriente, con límites con Egipto. Ambas aéreas tienen pozos petrolíferos. Los rebeldes ganarían la batalla por el petróleo y la perderían los miembros de la famosa coalición que quedarían sin influencia en ninguno de los dos sectores. El alto al fuego y la división territorial es una solución absurda, pero racional para evitar un derramamiento de sangre inminente de la población civil. Si los halcones de la Casa Blanca rechazan esta solución, que puede ser temporal, serían los responsables de las masacres.

Libia exporta su petróleo así: 28% para Italia, 18 % para Francia, 15% para Inglaterra, otro porcentaje para países europeos y el 2% para Estados Unidos.

Existe una contradicción del presidente Obama. Por un lado, incentiva la producción petrolera en Brasil y en otros países, pero la prohíbe en Estados Unidos.

El Presidente declara la guerra

La Constitución, y las leyes nacionales que regulan las relaciones internacionales son de claridad absoluta, sin posibilidad de doble interpretación. Estados Unidos solamente puede atacar a otro país militarmente cuando su seguridad nacional esté en peligro o el interés del país básicamente lo requiera y solamente puede usar las Fuerzas Armadas para ocupar otro país, previo concepto favorable del Congreso de la República. Hay una sola excepción: cuando haya un ataque injustificado, de inminente peligro contra el país o contra sus ciudadanos, que implique una decisión inmediata. Ninguna de estas causales se cumplieron en la invasión a Libia.

Se exige la renuncia a Gadafi

El presidente Obama exigió la renuncia de Gadafi en varias ocasiones y le propuso varias alternativas para que abandonara el poder, pero Gadafi las rechazó. El presidente sintió su honor lesionado y ordenó la iniciación de la guerra, en la cual, finalmente, Gadafi fue eliminado.

El 4 de Marzo de 2011, el presidente Obama dijo que Gadafi había perdido legitimidad y debía renunciar y reconoció como gobierno legítimo de Libia a un grupo de dos docenas de mercenarios procedentes de Egipto, que misteriosamente habían sido instalados en la ciudades de Benhazi y Misurata, en la frontera con Egipto, a los que comenzó a prestar ayuda militar y económica para que lucharan contra el dictador Libio. La secretaria de Estado, Hillary Clinton, contra su voluntad, quien antes se había opuesto a esa guerra, fue la coordinadora de los imaginarios revolucionarios que nunca tuvieron éxito. La Fuerza Aérea de Estados Unidos y la poderosa organización occidental OTAN derribaron al dictador, en una guerra sangrienta de siete meses, en donde perecieron más de cuarenta mil inocentes ciudadanos, según lo ha informado el actual Jefe Provisional del Gobierno Libio, Mustafá Abdel Jalil.

El presidente Obama actuó independientemente, sin consultar y sin obtener autorización del Congreso, como lo ordena la Constitución Nacional, para declarar una guerra o intervenir militarmente en otro país cuando los intereses nacionales no estaban en peligro.

La muerte de Gadafi, vista desde el exterior

Los comentaristas extranjeros afirmaban que un avión Drone, ordenado por la señora Clinton, eliminó la vida de Gadafi y pidieron una investigación ante la Corte Internacional de Justicia.

Con la muerte de Gaddafi terminó una guerra, auspiciada por Estados Unidos, con el apoyo de Inglaterra, Francia, Italia y la OTAN, la organización militar más poderosa del mundo, contra Libia, potencia petrolera, un país del desierto, sin montañas para esconderse, al lado del mediterráneo, con seis millones de habitantes, sin armas nucleares, ni cohetes de largo alcance, después de lanzar desde el aire, sobre la estructura arquitectónica de su territorio, 9.500 bombas, en un periodo de siete meses, desde Marzo hasta Octubre de 2011, en que Gadafi fue ajusticiado, terminando un conflicto que dejó miles de víctimas y el país, uno de los más modernos del África, completamente destruido.

Estados Unidos comenzó la guerra en Marzo, del 2011, lanzando 99 bombas en un solo día, para asustar al dictador, que no tenía miedo a la muerte, apoyando, en cambio, a dos docenas de voluntarios, procedentes de Egipto, que el gobierno americano comenzó a llamar insurgentes revolucionarios.

La versión de la Casa Blanca

La Casa Blanca informó que la muerte del dictador fue el resultado de un combate directo entre los revolucionarios y los defensores de Gadafi y que murió de un disparo en la cabeza ocasionado por un menor de edad, que ocasionalmente transitaba por el sitio portando un arma de fuego.

La dirección general de la OTAN reconoció que aviones de la OTAN, con participación de un avión Drone de Estados Unidos, que había sido trasladado por el gobierno americano a Libia, a Sirte, ciudad natal de Gadafi, habían bombardeado un convoy de transporte militar de defensores de Gadafi, pero que no sabían que Gadafi viajaba en uno de los vehículos.

La prensa internacional supone que los bombarderos de la OTAN y el Drone americano identificaron a Gadafi herido, pero que en vez de capturarlo, lo entregaron a los supuestos revolucionarios, quienes inmediatamente lo ejecutaron, propinándole un tiro en la cabeza, a "boca de jarro". Por otra parte, se dice que el cuerpo de Gadafi tenía heridas de esquirlas de cohetes, lanzados por el Drone.

"El mundo será mejor sin Gadafi". "La OTAN perseguirá a Gadafi", fueron las declaraciones del presidente Obama, transmitidas por el Canal CNN , el 10 de Junio de 2011. Estas declaraciones imperativas del Presidente y el criterio guerrista del nuevo secretario de Defensa, León Panetta, quien planeó la muerte de Osama, dan a entender que Gadafi, presidente de Libia, podría ser detenido o eliminado en horas o días. El presidente siempre había sostenido que Gadafi no era el objetivo de la guerra contra Libia. Gadafi había desafiado el narcisismo del presidente Obama, al desobedecer sus órdenes para que renunciara. Así que, con su potencial eliminación el Presidente cumpliría con una obsesión paranoica, que desde Marzo no lo deja dormir en paz con su conciencia.

Es conveniente recordar que la Constitución expresamente atribuye al Congreso, y no al Presidente, la facultad exclusiva de declarar guerras internacionales, cuando los intereses o la seguridad nacional estén en peligro inminente.

El 3 de Junio de 2011, 413 integrantes de la Cámara de Representantes de Estados Unidos en dos resoluciones, con diferentes motivos, pero con un mismo objetivo, declararon que el presidente Obama había violado las normas constitucionales al invadir y declarar la guerra a la República de Libia, sin causa justa, más por conveniencia personal que por interés patriótico.

El Tea Party, con más sentido político que los republicanos tradicionales, apoyó la propuesta demócrata, y precisó que fue un error de Boehner y arguyen que el presidente Obama, siempre actúa con doble juego y nunca cumple los pactos.

El representante Roscoe G. Barlet dijo en el debate parlamentario que el presidente Obama se creía un rey, dueño de las Fuerzas Armadas de Estados Unidos, y agregó que la guerra contra Libia era inconstitucional e ilegal y que sentaba un mal precedente para la humanidad.

Septiembre 11 de 2012, Asesinato del embajador de los Estados Unidos en Libia.

Intervención en Colombia
Acusada por violar supuestos derechos humanos

Cuba. Fidel Castro, el dictador cubano y su hermano Raúl, llevan más de cincuenta años violando todos los derechos humanos y civiles de nacionales y extranjeros y condenando a inversionistas estadounidenses a prisión por supuesto espionaje y el gobierno de Obama le otorga beneficios prioritarios. Las organizaciones de derechos humanos y derechos civiles permanecen en silencio y un caucus de demócratas socialistas lo apoyan desde el Congreso de Estados Unidos.

Venezuela. El venezolano Hugo Chávez controla las tres ramas del poder, incluyendo el poder electoral, censura los medios de comunicación, expropia los bienes de los nacionales y de los extranjeros y comete toda clase de violaciones contra el derecho a la libre expresión y la libertad privada y el gobierno de Estados Unidos permanece indiferente.

Nicaragua. Daniel Ortega inicia un periodo de reelección presidencial, prohibido expresamente por la Constitución de ese país y gobierno del presidente Obama le ofrece ayuda monetaria.

Ecuador y Bolivia. Ambos presidentes - Raúl Correa y Evo Morales- han reformado la Constitución para continuar indefinidamente en el poder. Los dos presidentes controlan las tres ramas del poder público, legislan, expropian, violan los derechos humanos, la libertad de expresión y la libertad de prensa y no se escucha una sola crítica de la Casa Blanca, ni de la prensa oficialista americana contra los abusos de los gobiernos de esos países. La señora Hillary Clinton fue ridiculizada en su visita al Ecuador y no hubo reacción alguna.

Colombia. Durante el gobierno del presidente Obama, Colombia ha sido el único país en América Latina acusada injustamente por violar supuestos derechos humanos.

En su campaña contra Colombia, al oponerse a McCain en el debate presidencial del 2008, afirmó ante más de cincuenta millones de televidentes que Colombia violaba los derechos humanos de los sindicalistas y que por tal razón no aprobaría el Tratado de Libre Comercio. En el mismo debate prometió modificar los Tratados de Libre Comercio con México y Canadá, pero cuando subió al poder cambió de criterio. Colombia es el único país en América del Sur que no se han entregado al socialismo. Existe libertad absoluta de prensa, libertad de opinión, libertad de inversión, respeto por el derecho a la propiedad privada, y libertad total de asociación sindical.

Dualidad política. Esta dualidad del presidente Obama en el sentido de auspiciar las revoluciones en el mundo islámico y tratar a los dictadores hispanos, que se autodenominan comunistas, con prioridad sobre otras democracias latinas, como es el caso de Colombia, induce a dudar acerca de su verdadera orientación política.

Colombia y Estados Unidos en las buenas y en las malas

Colombianos en Washington
Libre Comercio
Socialismo demócrata sabotea libre comercio
Republicanos con Colombia
El New York Time contra Colombia
Violencia en Colombia
Origen de la guerrilla
Las Farc, grupo rebelde o terrorista
Obama justifica acción militar contra terroristas en Oslo
Asesinato de Jorge Eliécer Gaitán
Genocidio contra la Corte Suprema de Justicia
El Socialismo distorsiona la verdad
La escritora Ana Carrigan hace elogio de guerrilleros del M 19
Los diálogos de Paz de Betancur
Ministros de Justicia asesinados
Crímenes contra figuras públicas de Colombia
Treinta mil secuestrados por las Farc
La Operación Jaque y la liberación de tres estadounidenses
Los libros de los secuestrados. Out of Captivity
–Fuera del cautiverio- y Siete Años Secuestrado coinciden
La lucha de Sarkozy por liberar a Ingrid
Hugo Chávez propone canje de Ingrid Betancourt
por el Chacal
Procesos contra los guerrilleros Sonia y Trinidad, en Washington
El paramilitar Salvatore Mancuso en cárcel de Washington
La periodista Anastasia duerme en la cama de Tirofijo
Mi encuentro con Timochenko, hoy máximo comandante
de las Farc

Colombianos en Washington

Washington D.C., capital de los Estados Unidos, tiene una población pequeña, de mayoría afroamericana con un setenta por ciento de aproximadamente 600.000 habitantes, que controla el manejo de la administración pública municipal en su totalidad. Excluyendo algunos barrios o sectores, donde la violencia es permanente, entre los ciudadanos del mismo grupo racial, la comunidad de Washington es altamente educada y el turismo es su principal fuente de ingreso, público y particular. El presupuesto es complementado con un subsidio anual del gobierno federal y fiscalizado por el Congreso, de acuerdo con la Constitución Nacional.

Washington es la cabecera del área metropolitana, que tiene una población aproximada de cinco millones de habitantes, integrada por ciudades vecinas, pertenecientes a los Estados de Maryland, Virginia y West Virginia. En esta área se encuentran grupos étnicos de todo el mundo: latinos, asiáticos, indios, chinos, japoneses, coreanos, árabes, y europeos. Dentro de los latinos, la población salvadoreña, boliviana y peruana constituye la mayoría. Miles de colombianos viven en el área metropolitana, principalmente en el Estado de Maryland.

Los colombianos, en gran parte, son profesionales que adquirieron sus títulos en su país de origen, circunstancia que los capacita para trabajar en posiciones de orden intelectual, que se refleja en el servicio social que prestan a la comunidad hispana. Podríamos decir que hay más de treinta organizaciones que prestan sus servicios sociales voluntarios. Algunas de esas organizaciones: Todos por Colombia, con la dirección del joven ejecutivo Iván Alfonso Gaviria y la coordinación de Carlos M. González, con más de cien personas vinculadas al grupo.

Los estudiantes de la Universidad de Washington (George Washington University) Natalia Moreno, Sergio Guzmán, Daniel Devis y Tatiana Medina, coordinan la organización "Por Colombia".

- En la Universidad de América, Jenny Milena Bernal coordina a los estudiantes colombianos, también a través de "Por Colombia"

El empresario Víctor Pinzón gerencia la organización Américas Global Foundation- El famoso grupo musical de danzas Tayrona, dirigido por Martha Chiari, integrado por jóvenes colombianos y especialmente colombianas, hace honor a nuestro folclor nacional con exhibiciones permanentes en diferentes partes del país. Diversas organizaciones representan regiones de Colombia: Colombia Cultural, en Arlington, Guarín; United Colombia, de Claudia Estrada; Popayán Corporation, de Diego Caldas; Creo en Colombia, de Iván Rincón y Foro libertad para colombianos, coordinado por Jairo Sandoval.

TLC, saboteado por el presidente Obama, desde el 2007 hasta el 2011

(Washington, Julio 2 del 2011).

El presidente Barack Obama, defensor del sindicalismo americano, estructura electoral básica de su movimiento político, congresistas americanos demócratas y socialistas colombianos sabotearon el Tratado de Libre Comercio con Colombia desde el 2007 hasta el 2011, cuando la mayoría republicana, entró a controlar parte del Congreso de Estados Unidos.

Los gobiernos de los presidentes Uribe y Bush iniciaron en el 2004, precisamente en Cartagena, el plan que perfeccionaría el TLC, en el 2011. Después de dos años de tortuosas negociaciones, en que las partes cedieron beneficios recíprocamente, el tratado se firmó oficialmente en Noviembre del 2006, entre el presidente Uribe y el presidente Bush. En el 2007, el Partido Demócrata empezó a controlar ambas cámaras del Congreso americano y comenzó el saboteo contra el TLC, que se extendió por cuatro años hasta el 2011, cuando la mayoría republicana aprobó finalmente el tratado.

Las clausulas adicionales de orden político al convenio con Colombia se firmaron en Abril 17 del 2010, en audiencia privada, en la Casa Blanca, en la cual el presidente Juan Manuel Santos de Colombia fue recibido como presidente de segunda clase, sin homenaje, sin paradas militares, ni almuerzos ni comidas, sin frac y sacoleva y el objetivo era mostrar al mundo que Colombia es un país violento y violador de derechos civiles y humanos.

En el convenio se habla de miles de violaciones a los derechos humanos por parte de la parapolítica y los paramilitares contra el sindicalismo, persecución a los campesinos y sus bienes rurales, y se ordena a Colombia crear una legislación laboral a favor de los sindicatos, con normas específicas. La legislación laboral de Colombia tradicionalmente ha concedido a los sindicatos, empleados y obreros derechos y beneficios que Estados Unidos y la mayoría de países latinos les niegan.

El presente gobierno americano ignora la existencia del movimiento terrorista Farc, apoyado internacionalmente por partidarios de izquierda, que han violado los derechos humanos y civiles de la población colombiana, por más de cuarenta años, secuestrando y expropiando violentamente bienes de propiedad privada, adquiridos legalmente.

El presidente Obama, como senador en 2007 y 2008, y como presidente en el 2009, 2010 y 2011, se opuso abiertamente a ejecutar el tratado, alegando violación de derechos civiles y laborales contra los sindicatos colombianos.

La Cámara de Representantes, de mayoría demócrata, presidida desde el 2007 por la congresista Nancy Pelosi, cumpliendo órdenes del presidente Obama, se opuso a darle trámite a los convenios comerciales a pesar de que en el Senado la mitad de los senadores demócratas apoyaban los tratados de libre comercio.

Presidente sabotea acuerdo bipartidista

El representante Dave Camp, republicano, presidente de la Comisión llamada Ways and Means de la Cámara, en coordinación con el señor Max Baucus, senador demócrata, presidente del Comité Financiero del Senado, quien siempre ha respaldado los tratados de libre comercio con Colombia, habían acordado los términos de los tratados y habían convenido presentar los proyectos para su aprobación de ambas cámaras, a mediados del mes de Junio del 2009.

El presidente Obama, por intermedio del director del Consejo
Nacional Económico, Gene Sparring, autorizó el proyecto, pero,
simultáneamente, le metió un gancho, un "mico", en español,
una clausula, que no estaba acordada por los congresistas, que
impidió la aprobación.

La cláusula de orden político, incluida por el Presidente a última hora, después de que los tres tratados con Corea, Panamá
y Colombia se habían aprobado por los dos comités de la Cámara y del Senado se denominaba "garantía del TAA - Trade
Adjustmen Assistance- un programa abstracto e irrealizable,
que fue objeto de otro plan, que, según el gobierno, ayudaría
económicamente a los empleados americanos que supuestamente
perdieran sus empleos como consecuencia de la aprobación
del Tratado de Libre Comercio.

El senador Orrin Hatch, republicano, dijo que esta cláusula,
"is highly partisan, is a catastrophe. This is just another payoff
to unions". Es la primera vez en la historia comercial que se
incluye esta cláusula en la aprobación de un tratado de libre
comercio. El presidente de la cámara, de mayoría republicana,
que reemplazó a Nancy Pelosi, señor Boehner ha dicho que
esta cláusula es un tema que debe analizarse y estudiarse independientemente del proyecto de ley. El senador republicano
Mich McConnell, jefe de los senadores republicanos, dijo que
no votaría el proyecto si se incluía esa cláusula.

Inmigración. El sistema de incluir "micos" para sabotear proyectos de ley es común en todos los países. El proyecto de inmigración del 2005, presentado por el gobierno del presidente
Bush, con la aprobación de los republicanos y de acuerdo con
el senador Kennedy, en la misma forma que los tratados de
libre comercio, estaba aprobado por ambos partidos en ambas
comisiones, pero un representante de apellido Gutiérrez, demócrata de Chicago, a última hora, incluyó una clausula, que
extendía la amnistía a todos los criminales hispanos indocumentados sin distinción de delito y el proyecto fue negado en

el Senado por 15 Senadores demócratas, incluyendo el senador Obama, como consta en los anales del senado.

Obama y sindicatos contra el TLC

El Presidente en el 2011, en una reunión de recaudación de fondos para su campaña reelecionista, dijo: "I am concerned frankly about the reports there of the involvement of the Colombian administration with human rights violation and the suppression of workers". Referring to the Free Trade Agreement with Colombia." Estoy preocupado por los informes que indican participación del gobierno colombiano en las violaciones de derechos humanos y eliminación de trabajadores.

El representante Sander Levin, demócrata, vicepresidente del Comité Ways and Means en la Cámara, le hizo eco a las declaraciones del Presidente y prometió sabotear la aprobación del tratado con Colombia. Dijo en el commité: " I would oppose Trade Agreement with Colombia becouse provision on labor protection there won't be included in the legislation and the trade no mention a negotiated action plan on workers right in legislation which is required to adopt in the Colombian agreement" Yo me opongo a la aprobación de los tratados porque no se ha expedido la legislación que proteja y garantice los derechos de los trabajadores, requeridos para su visto bueno.

El Washington Times, con fecha 17 de Junio del 2011, dice: "But Labor organizer held several events en Washington this week aiming at persuading the Congress to kill the pact which has not just come up for a vote. The AFL president paid for print advertizing to criticize the agreement and hosted trade unionist from Colombia in Arlington to tell congress about the Latin American nations record of violence against labor organizations."

Los sindicalistas. Después de la declaración del Presidente y la amonestación del congresista Levin, los sindicatos simultáneamente iniciaron la campaña en Washington para sabotear la aprobación del tratado con Colombia. El 23 de Junio, el presidente del sindicato nacional AFL, Richard Trunka, dijo que el Tratado de Libre Comercio con Colombia no garantizaba los derechos de los trabajadores: The plan does not go far enough to protect worker and ensure their safety and security, said Mr. Trunka.

Otro líder sindicalista de orden nacional, Larry Cohen, presidente del sindicato de Comunicadores, Workers of América, igualmente el 23 de Junio, del 2010, como el anterior, en asambleas reunidas en los hoteles de Washington con congresistas demócratas invitados, apoyados por sindicalistas y socialistas colombianos, estaban programando el saboteo.

El actual presidente de Estados Unidos infortunadamente ha comprado esas teorías contra Colombia, que el presidente Bush había rechazado de plano.

Los socialistas colombianos contra el TLC

Durante los cuatro años del mandato legislativo de los demócratas, los congresistas colombianos Gustavo Petro y Piedad Córdoba, hicieron parte de ese complot del gobierno de Obama contra el prestigio de Colombia. Ambos tenían ingreso a las comisiones de la cámara del Congreso americano y contribuyeron a destruir la imagen positiva que el presidente Bush había creado del país durante su gobierno.

El New York Times, demócrata, contra TLC

El New York Times, siguiendo la política de la Casa Blanca, decía que el único Tratado de Libre Comercio que debía ser aplazado era el que se tramitaba con Colombia y que dicho aplazamiento sería un instrumento para que el presidente Uribe cambiara su comportamiento frente a la parapolítica.

El influyente diario norteamericano expresaba:

"El presidente Álvaro Uribe y su gobierno no han hecho lo suficiente por llevar ante la justicia a los paramilitares -y sus partidarios políticos- responsables de violaciones generalizadas a los derechos humanos. Colombia está ansiosa por el tratado de comercio y ha hecho algunos avances en derechos humanos. Pero es necesario más y contener la ratificación puede ser usado todavía como un instrumento para cambiar el comportamiento del señor Uribe".

Entre tanto, el Congreso debería moverse rápidamente para pasar el tratado con Perú, decía el New York Time, y agregaba que por todas las razones expuestas se le demostraría a Colombia de lo que se estaba perdiendo.

Los republicanos y Colombia

(Octubre 11 de 2007)

Para Bush, Colombia es ejemplo de respeto por la libertad.

El gobierno del presidente Bush siempre exhibió a Colombia como el único país de Latinoamérica con tradición democrática, respetuoso del derecho de propiedad, libertad de expresión y luchador por estabilizar las diferencias violentas que surgieron entre la guerrilla y los paramilitares y los narcotraficantes. El Gobierno del presidente Bush colaboró mano a mano con el gobierno del presidente Uribe durante ocho años consecutivos y son prueba de que las acusaciones del presidente Obama contra Colombia, para negarse a aprobar el tratado, eran inexactas.

La secretaria de Estado Condoleezza Rice y el secretario de Comercio de Estados Unidos, Carlos Gutiérrez, en el gobierno del presidente Bush, encabezando delegaciones de congresistas americanos de ambos partidos, visitaron a Colombia en varias oportunidades para perfeccionar los acuerdos relacionados con el Tratado de Libre Comercio entre Colombia y Estados Unidos.

El ex secretario Carlos Gutiérrez y la señora Rice eran considerados los más probables candidatos a la vicepresidencia de Estados Unidos por el Partido Republicano en las elecciones del 2012.

Carlos Gutiérrez se convirtió en el vocero de Colombia ante el Congreso demócrata de Estados Unidos en el 2007 y 2008.

En una reunión afirmaba que en su visita a Colombia, "los miembros del Congreso y yo presenciamos los resultados sorprendentes de estas audaces iniciativas del Gobierno del presidente Álvaro Uribe en el centro industrial del país. La nación colombiana es asombrosa y un ejemplo inspirador de transformación" y que "este acuerdo comercial otorgaría a los exportadores estadounidenses el mismo acceso que los colombianos tienen a nuestros mercados, libre de aranceles.".

Durante el Gobierno Bush, mientras los colombianos exportaban con libertad arancelaria, los agricultores, empresarios y trabajadores americanos enfrentaron aranceles discriminatorios sobre las exportaciones a este país.

En 2006, antes que la mayoría demócrata llegara al Congreso en el 2007, más del 90 por ciento de las exportaciones de Colombia a Estados Unidos entraban libre de arancel bajo el sistema comercial de la Ley de Preferencias Arancelarias Andinas (ATPA por su sigla en inglés) y el Sistema Generalizado de Preferencias (GSP), o bajo el principio de Nación Más Favorecida (NMF) con cero arancel que operaron en forma positiva en todos los países de Latinoamérica en el gobierno del presidente Bush.

En el gobierno del presidente Bush, los congresistas Gregory W. Meeks, demócrata por Nueva York; Bill Sali, independiente por Idaho; Doc Hastings, republicano por Washington; John T. Salazar, demócrata por Colorado; Eliot L. Angel, demócrata por Nueva York y Jim McDermott, demócrata por Washington, visitaron a Colombia y rindieron conceptos favorables.

El TLC de Colombia era la prórroga lógica del Plan Colombia, eliminado en este gobierno, que redujo la contribución de Estados Unidos a Colombia de quinientos millones de dólares a cincuenta.

El presidente Álvaro Uribe luchó durante ocho años de su gobierno para conseguir la aprobación del TLC, a pesar de que conocía las doctrinas políticas del Partido Demócrata, que se oponen al libre comercio internacional. Pero, a su esfuerzo patriótico se debe la prórroga permanente del Atpdea a Colombia y Perú por muchos años y la aprobación del tratado con Estados Unidos, finalmente.

La posición que presentó el presidente Obama en Cartagena, en Abril del 2012, fue completamente diferente al concepto que tiene de Colombia en Estados Unidos. El presidente Obama maneja la política administrativa con doble alternativa. El Presidente hoy dice una cosa y mañana otra diferente sobre el mismo hecho. Es un juego político que muchos llaman Flip flop, otros Play it Save, juegue seguro, otros, pragmatismo político.

El presidente Obama en Cartagena, en el 2012, solamente cumplió órdenes del Congreso de Estados Unidos, que aprobó el tratado con la colaboración de un grupo minoritario de demócratas.

Los republicanos y el TLC con Colombia

Los Tratados de Libre Comercio con Estados Unidos tienen varios efectos en Latinoamérica. En el sector agrícola se crea desempleo, pero, a la vez, rebaja los precios de la canasta familiar para los consumidores, debido a que los productos agrícolas bajan de precio, en el juego de la oferta y la demanda, elementos básicos de la competencia. Es difícil para los subdesarrollados competir con la producción en masa, que exportan los industrializados, debido a la tecnología que emplean en el proceso productivo. La principal ventaja de los Tratados de Libre Comercio radica en la inversión extranjera, que, a la vez, crea fuentes de trabajo y baja los precios, principalmente en los bienes de capital, industrial y comercial.

Todos los Tratados de Libre Comercio con el grupo de países de Centro América y Sur América fueron aprobados durante el gobierno del presidente Bush, a excepción de Colombia y Panamá, por oposición del Partido Demócrata.

Los Tratados de Libre Comercio del bloque centroamericano, aprobados por congresos republicanos, revivieron la economía de estos países y mejoraron el nivel social de sus comunidades, bajando el costo de vida y recibiendo inversiones extranjeras que crearon empleo. Los países suramericanos que se precian de socialistas, subsisten por el libre comercio. Todos exportan libremente sus productos agrícolas a Estados Unidos y reciben transferencia de dólares de los inmigrantes que residen en Estados Unidos, que incrementan el producto nacional bruto de sus países. Los productores nacionales tienen que prepararse para competir. Es la única solución.

La violencia en Colombia, vista desde Washington. Surgimiento de la guerrilla

Los medios de comunicación de tendencia demócrata, en el actual gobierno, como el New York Times, han cambiado la buena imagen que los norteamericanos tenían durante el gobierno del presidente Bush, en el cual las Farc, y no los paramilitares, fueron los creadores de la violencia, que estaban destruyendo todos los principios humanos de los colombianos y bloqueando el desarrollo de su economía. El presidente Bush había participado directamente en el conflicto colombiano y en cambio el presidente Obama actúa con objetivos políticos, basados en informaciones parcializadas de los grupos de izquierda.

No hablamos de la violencia política, causada por las hegemonías por intereses burocráticos y económicos del partido conservador desde 1900 hasta 1930 y de la violencia política retaliatoria del liberalismo de 1930 a 1947. Es un hecho irrefutable que el asesinato del eminente abogado penalista Jorge Eliécer Gaitán, el 9 de Abril de 1948, fecha en que debía iniciarse la celebración de la Novena Conferencia Panamericana en Bogotá, organizada por un gobierno conservador, fue el origen de la guerrilla política de izquierda, auspiciada originalmente por Rusia, China y posteriormente por los países europeos de orientación socialista.

Las Farc, originalmente se organizaron como movimiento político, recibiendo ayuda económica y militar de Rusia y China, siendo el secuestro la principal fuente adicional de sus ingresos económicos.

En su primera etapa actuaron con objetivos políticos. En una segunda etapa utilizaron el secuestro, la ocupación de tierras de propiedad privada y la violencia generalizada en los campos y en las ciudades como medio de intimidación para ejercer controles sobre el territorio nacional.

En ese plan de terrorismo sicológico, las Farc secuestraron y asesinaron a miles de ciudadanos, a cientos de dirigentes políticos, candidatos presidenciales, ministros, senadores, representantes a la Cámara, gobernadores, concejales de los pueblos, diputados de congresos Estatales, empresarios, sacerdotes, obispos y humildes propietarios de fincas, desposeídos de sus bienes, destruidas sus familias y lanzados a vivir en la pobreza en las grandes ciudades, periodistas y sindicalistas que los rechazan . Miles de colombianos fueron secuestrados.

Los treinta mil secuestros de las Farc

Según la narración que el gobernador liberal Luis Eladio Pérez hace de su vida en el cautiverio al periodista Dario Arismendy, en el libro "Siete años secuestrado", en forma objetiva, "calcula que las Farc, en los últimos diez años han secuestrado más de treinta mil personas y se cree que en la actualidad hay más de tres mil personas bajo el poder de la guerrilla. El 80% de los raptos en el mundo tiene lugar en Colombia". Estas violaciones a los derechos humanos no son de la parapolítica de que habla la Casa Blanca y el New York Times.

Los paramilitares, o contraguerrilla, entraron en acción plena en el 90, cuarenta años después de la creación de las Farc, cuando las Fuerzas Armadas y de Policía fueron incapaces de contener el dominio que las guerrillas estaban ejerciendo sobre casi las dos terceras partes del territorio nacional. Los paramilitares se organizaron originalmente con el visto bueno de la comunidad nacional para recuperar los bienes de propiedad privada que habían sido expropiados y para defender al país de la invasión comunista internacional, que representaban y representan las

Farc, movimiento que estaba siendo alimentado con armas y dinero ruso, por intermedio de Fidel Castro.

Todos los colombianos tomaron partido en la guerra entre las Farc y los paramilitares. Negar este hecho sería una simple mentira infantil. Es un hecho irrefutable que el sindicalismo de izquierda, principalmente los petroleros, sin participar directamente en la lucha violenta entre colombianos, estaban del lado de las Farc. El sindicalismo de centro, que dirigió por muchos años el actual vicepresidente de Colombia, Angelino Garzón, siempre se opuso y públicamente rechazó la violencia de las Farc. En Barrancabermeja, el presidente del sindicato de la USO, Hernando Hernández, fue juzgado por su directa participación en el conflicto.

En la última etapa de la metamorfosis política de los rebeldes, cuando fueron sacados del país y relegados a las fronteras con Ecuador y Venezuela por el presidente Uribe, asumieron la producción, refinación y exportación de cocaína, actividad que los ha convertido en una poderosa organización económica y financiera en el comercio de la droga mundial. La exportación de droga a Estados Unidos y Europa a través de Ecuador Venezuela, México y Centro América, es un secreto a voces, mundialmente conocido por todas las organizaciones de inteligencia policiva.

El socialismo internacional apoyó a las Farc

El minúsculo grupo de congresistas estadounidenses de tendencia socialista y los europeos socialistas Chirak y Mitterand, de Francia, los movimientos de izquierda de Alemania e Inglaterra, Holanda y el PRI de México, apoyaron directamente a los terroristas de las Farc, durante sus gobiernos, con oficinas, libre participación en los medios de comunicación, prensa, televisión e internet. Los presidentes Fox y Felipe Calderón de México, Nicolás Sarkozy de Francia, Ángela Merkel de Alemania y Stephen Harper de Canadá los expulsaron de sus países, cuando comprobaron que se trataba de un movimiento ilegal, dedicado al secuestro y al narcotráfico.

Los gobiernos de estos países habían convencido a sus juventudes de que las Farc eran un movimiento revolucionario que luchaba por destruir el sistema político de Colombia, dirigido por una clase aristocrática, capitalista, imperialista y antidemocrática, que mantenía al pueblo en la miseria y en la opresión. Varias de estas afirmaciones eran verdaderas, pero dentro del contexto latinoamericano, heredado de España. Colombia, en medio de su tradición violenta y los privilegios clasistas, ha sido, a la vez, el único país de Latinoamérica que ha conservado un sistema democrático de libre expresión y ha mantenido vigente el respeto por la propiedad privada y la autonomía de cada una de las tres ramas del poder. La alternativa de destruir estos principios por movimientos rebeldes conduciría al país a engrosar el grupo de dictaduras hegemónicas, que han fracasado totalmente en el manejo de la administración pública y han conducido a sus pueblos a vivir en la miseria y en la desesperación.

La guerrillera holandesa Tania Nimeijer y su vida en las Farc

Muchos jóvenes europeos, desorientados en sus países, asimilaron estas teorías como verdaderas, como la joven universitaria holandesa Tania Nimeijer, de escasos veinte años, quien vino a Colombia a salvar la humanidad y se incorporó a las Farc en el 2001, hasta el 2010, cuando, supuestamente, fue muerta en un enfrentamiento con las Fuerzas Armadas. Otra versión asegura que fue eliminada por las propias Farc y otra más positiva dice que regresó a su país y es la representante de los negocios del grupo subversivo en el continente europeo.

En su diario, fechado en Noviembre 24 del 2006 y recuperado por los militares en una de sus confrontaciones, decía: "Estoy cansada de las Farc, cansada de la gente, cansada de la vida comunal. Cansada de nunca tener nada para mi sola. Y esto valdría la pena si se sabe por qué se lucha. Pero, en verdad, yo ya no creo en esto. Qué tipo de organización es esta donde algunos tienen plata, cigarrillos, dulces y donde los demás tienen que mendigar para ser rechazados y gruñidos por los del primer grupo. Esto ha sido así desde que vine hace cuatro años y nada ha cambiado. Una organización donde una chica con pechos grandes y cara bonita puede desestabilizar un mando. Donde tenemos que trabajar todo el día, mientras los comandantes hablan mierda. Yo quien sabe si nunca saldré de esta jungla. Quiero irme. Pero para mientras, uno sabe que uno es como un prisionero. Que puede uno hacer. Ya no quiero más bla-bla sobre ser comunista. Luego ver cuán hipócritas son los comandantes bochincheros y traicioneros. Y sin misericordia si alguien se atreve a criticarlos. Aquí no tengo futuro, no tengo donde ir, pero no me quiero ir, solo quiero caminar, reír, combatir, cocinar sin complicaciones".

Jóvenes universitarias mexicanas en el campamento de Reyes

Grupos de jóvenes universitarias mexicanas estaban en el campamento de Raúl Reyes, en la frontera con Ecuador, cuando fue ejecutado por las Fuerzas Armadas de Colombia en coordinación con los Estados Unidos. Las jóvenes fueron repatriadas a México por el gobierno ecuatoriano.

¿Las Farc llegarán algún día a gobernar a Colombia?

El gobierno del presidente Obama en su segundo periodo puede -es una suposición- tomar partido al lado de las Farc, en la misma forma en qué tomó partido a favor de los revolucionarios árabes, caso en el cual las FARC, entrarían a gobernar el país legalmente, sin mucho derramamiento de sangre.

Esta es solamente una predicción, producto de la malicia indígena de un colombiano nacionalizado en Estados Unidos, con capacidad de análisis científico, que puede convertirse en una realidad, fundamentada en la política de intervencionismo en el extranjero del actual gobierno americano, que ha programado el derrumbamiento de los gobiernos de Libia, Túnez, Moroco, Yemen, Egipto y hoy el de Siria, a cuyos insurgentes apoya económicamente con planificación militar y política. Estos países, petroleros la mayoría, estaban gobernados por dirigentes de orientación capitalista.

Colombia es el único país en Latinoamérica que ha sido acosado y acusado políticamente por el gobierno del presidente Obama de violar los derechos humanos de los sindicatos y de los trabajadores, pero no hay quejas contra los dictadores de Cuba, Venezuela, Ecuador, Nicaragua, o Bolivia, países en los cuales las tres ramas del poder público están controladas por sus presidentes. El sistema judicial de Colombia es la única institución en el continente que conserva una relativa autonomía e independencia y que rechaza interferencias y presiones de otros países.

La posición de la Casa Blanca frente a Colombia es diametral-mente diferente a la del presidente Bush. El prejuicio político contra Colombia no es un misterio. Es público en Estados Unidos, aunque los medios de comunicación de Colombia lo ocultan. Colombia está en la lista negra de la Casa Blanca. Esta es una premonición, sin ningún prejuicio político.

El grupo de países llamados socialistas que dirige el venezolano Hugo Chávez ya ha solicitado por intermedio de congresistas americanos amigos, cambiar la denominación de las Farc de terroristas a movimiento rebelde, calidad que le otorgaría de-rechos políticos internacionales. Con el apoyo de estos países, secundados por Estados Unidos, las Farc llegarían fácilmente al poder en Colombia, en poco tiempo, para integrar territorial y políticamente el ambicionado continente bolivariano.

El presidente Santos ha mostrado debilidad política ante el gobierno del presidente Obama y del presidente Chávez. La entrega de los originales de los archivos de computadores de los terroristas a Hugo Chávez y a Rafael Correa es una actitud que deja muchas dudas. El hecho de haberse solidarizado con la decisión del presidente Chávez de prohibir a las orga-nizaciones internacionales de derechos humanos el practicar investigaciones en territorio venezolano, pero permitirlas en su propio país, ha recibido muchas críticas de las entidades de derechos civiles y ha creado desconfianza en el Congreso de Estados Unidos.

Richard Lugar, republicano, dijo que los "officers of DEA, are seeing over the Makled decision with pessimism, y called the decision, a reversal of years of cooperation.", y "criticó la de-cisión del presidente Santos de reversar años de cooperación entre Estados Unidos y Colombia".

También se ha criticado al presidente Santos por justificar a las Farc por el crimen cometido contra diez miembros de las Fuerzas Armadas en el mes de Marzo del 2012, al comentar en el canal de televisión de Univisión que el crimen se cometió por un error de las Fuerzas Armadas de Colombia. Este análisis es incomprensible. Esta declaración del presidente Santos ha tenido al pueblo colombiano compungido, adolorido, con la cabeza baja. Esta declaración significa ofrecer excusas a un criminal, que sin causa ni justificación legal entra intempestivamente a su propia residencia y elimina a sus moradores.

Por su parte, el presidente Obama en un segundo periodo, ya sin derecho constitucional a la continuar en el poder, obraría con más sentido autoritario del que ha ejercido en su primer mandato. El turno ahora sería para aplicar su tendencia intervencionista izquierdista en Colombia, único país que no satisface sus principios. El presidente Obama ha demostrado que no tiene límites para intervenir en la política de países extranjeros, cuyos ideales no comparte. Su directa intervención en Libia contra la voluntad del Congreso y rechazando la opinión de sus asesores militares, y el apoyo dado a los grupos minoritarios revolucionarios del Medio Oriente, con armas y dinero, que ningún presidente americano antes se había atrevido a hacer, es un hecho histórico que nadie se atreve a negar. El presidente Obama ha mostrado claramente su preferencia por gobiernos y organizaciones políticas populistas de izquierda.

La reclasificación de las Farc como grupo político rebelde les otorgaría derecho a tener representantes diplomáticos y apoyo internacional económico y militar de países amigos y los hijos de sus comandantes, esmeradamente educados en las mejores Universidades de Europa estarían en capacidad de gobernar el país. Esto no sería extraño para Colombia. Ciudadanos que hace pocos años eran considerados miembros de grupos ilegales, están hoy controlando el país y hacen parte de los sistemas ejecutivo, legislativo y judicial.

Es importante recordar que las Farc han sido identificadas por gobiernos anteriores de Estados Unidos, la Unión Europea, la Policía Internacional y aun por India, China y Rusia, que cambiaron su criterio, y por más de cien países, como el grupo terrorista más sanguinario del mundo, después de Al-Qaeda.

Por otro lado, durante el gobierno del presidente Obama el ambiente político internacional está retornando al socialismo mundial, anterior al gobierno del presidente Bush, quien lo había encauzado hacia la derecha. Sin embargo, este socialismo defiende en el exterior el libre comercio internacional y la inversión extranjera, pero manipula sus huestes nacionales, atacando al capitalismo y al imperialismo gringo. Los Jacques Chirack, Mitterrand y el PRI de México están surgiendo nuevamente. Francia, Grecia y parte de Alemania han seguido las tesis económicas de Keynes, de hace 80 años, las que defiende el presidente Obama, consistentes en que el único medio para desarrollar un país es incrementando la inversión estatal, los déficits presupuestales, las deudas externas y eliminando toda restricción al gasto público. El PRI, movimiento izquierdista dictatorial de México está regresando al poder.

En Estados Unidos se dice que la candidata oficial del partido de gobierno de centro derecha, del presidente Calderón, sin condiciones carismáticas ni liderazgo, fue seleccionado con influencia norteamericana, con conocimiento previo de que esta nominación le abriría el campo al candidato del PRI. Casi todos los embajadores del gobierno de Obama están interviniendo en la política de otros países.

Hay que reconocer, por otra parte, que las Farc, en determinados períodos, en sus orígenes, actuaron como movimiento político, y es posible que ante esa circunstancia los europeos, que ignoran totalmente la situación política de los suramericanos, les hayan ofrecido su apoyo. El gobierno del presidente Betancur, con quien trabajé muy de cerca, colaborando en los diálogos de paz con los guerrilleros, los calificó como movimiento rebelde, entre 1982 y 1986, y no como terroristas.

El anterior análisis, presentado con hechos y no con conjeturas, nos está indicando el peligro que representa para Colombia la reelección del presidente Obama.

Betancur, Pastrana y Uribe tras la anhelada pacificación de Colombia

El proceso de paz con Belisario Betancur

En el gobierno de Betancur -1982-1986- dos ministros de justicia y diez magistrados de la Corte Suprema fueron asesinados.

Las negociaciones de paz con las Farc y con otros movimientos rebeldes no han funcionado, a pesar de que Colombia ha concedido grandes prerrogativas, derechos y beneficios a los terroristas, más que ningún otro país.

En 1982, el presidente Betancur, conservador, subió al poder, y le tendió la mano de la paz a todos los grupos terroristas que operaban en Colombia, incluyendo a las Farc, al grupo maoísta, al M.19 y aun los narcotraficantes. Suspendió toda acción militar contra los subversivos a nivel nacional y estableció un plan nacional que comenzó a ejecutar concediéndoles amnistía e indulto, según las circunstancias. La ausencia de vigilancia de las Fuerzas Armadas fue aprovechada por las Farc para reorganizarse a nivel nacional.

Se organizaron comités de enlace en todos los municipios de la nación, pero los secuestros de ganaderos, comerciantes y líderes políticos aumentaron en forma alarmante. Los agricultores tuvieron que desocupar sus fincas y refugiarse en las ciudades. Los terroristas de las Farc aprovecharon la oportunidad y se apoderaron de una franja territorial llamada Magdalena Medio, productora de ganado de exportación, de miles de hectáreas, más grande que los Estados de Virginia, Maryland, Nueva York y Pensilvania en Estados Unidos, área que va desde la Costa Atlántica, en el norte, hasta el interior del país, incluyendo las ciudades de La Dorada y Honda.

Amnistía. La ley de amnistía fue aprobada por el Congreso de la República el 20 de Noviembre de 1982. El artículo primero decía: "Concédase amnistía general a los autores cómplices o encubridores de hechos constitutivos de delitos políticos cometidos antes de la vigencia de la presente Ley".

En 1983, el Ministro de Justicia Rodrigo Lara Bonilla, oriundo del Departamento del Huila, representante por el Partido Liberal en el gabinete del presidente Betancur fue asesinado.

El ministro Lara inició la idea de cambiar el sistema inquisitivo y escrito del Código de Procedimiento Penal de Colombia por el sistema oral y acusatorio de Estados Unidos, el que, finalmente, con la ayuda económica del gobierno republicano del presidente Bush, se reformó y opera actualmente en el país.

Tuve el honor de ser invitado al almuerzo de trabajo, celebrado en el Club de Abogados de la calle 12, pocos días antes de su asesinato. Dentro del grupo pequeño de diez asistentes estaba presente la magistrada Betty Flórez, el Juez Superior Medina y otros cuyos nombres no recuerdo.

Un ensayo que el suscrito había publicado sobre el Código de Procedimiento Penal, enfatizando las diferencias entre los dos sistemas, seleccionado por la Biblioteca del Congreso de Estados Unidos y radicado en sus anaqueles bajo LC- CONTROL Number 65070399, Tipe of Material: Book- Criminal Procedure- Personal Name, Bernardo Vargas Giraldo, había sido la única razón para que se me invitara a participar en el foro.

Toda mi vida fui impactado por el crimen del ministro Lara. Todavía siento el abrazo fraternal con que me recibió y me sentó a su lado en el momento en que pasamos a la mesa para el almuerzo.

Indulto y amnistía. El 4 de Junio de 1985, el Congreso aprobó una nueva ley, la Ley de Indulto,, presentada por el presidente Betancur. Artículo primero... "El indulto solamente podrá cobijar a los condenados mediante sentencia ejecutoriada por los delitos de Rebelión, Sedición y Asonada. 2º. El indulto podrá extenderse a los delitos conexos....", generalmente cobija delitos comunes.

La amnistía es una figura jurídica que se aplica excepcionalmente para olvidar la presunta violación de la ley y el indulto se establece para disminuir o anular la condena o pena previamente establecida.

El genocidio contra la Corte Suprema fue ejecutado en Noviembre del 85, cuatro meses después de aprobarse la ley de amnistía en Junio de 1985.

Asamblea nacional de paz en Neiva

El abogado Enrique Parejo, de filiación liberal, quien posteriormente fue herido a tiros de pistola, había sido nombrado en reemplazo del Ministro Lara Bonilla, y era ministro cuando ocurrió el crimen contra los magistrados de la Corte Suprema de Justicia.

A pesar del asesinato del ministro Lara Bonilla, el Presidente había seguido insistiendo en el proceso de paz. En 1985, programó una Asamblea Nacional en la ciudad de Neiva, capital del Departamento de Huila, que se realizó con la participación conjunta de representantes de todos los grupos de las Farc, a nivel nacional, y de diferentes comisiones de paz del gobierno. Betancur suspendió toda acción militar y policiva a nivel nacional para permitir el movimiento de los rebeldes y su traslado al sitio de reunión. Las deliberaciones se extendieron por varias semanas. Neiva está distante 50 millas de la vereda Casillas, donde funcionaba uno de los centros de operación del jefe máximo de las Farc, llamado Tiro fijo.

Los comisionados de paz dialogamos con los delegados de las guerrillas que representaban todas las aéreas subversivas del país y nos hospedamos conjuntamente en el Hotel Plaza, localizado en un costado del parque principal de la ciudad, de Neiva, donde compartíamos almuerzos y otros eventos sociales. El Presidente ordenó el acuartelamiento de la policía y de las fuerzas armadas, y a los guerrilleros se les entregó el control del orden público de la ciudad.

El proceso de paz del presidente Andrés Pastrana

Andrés pastrana, otro presidente conservador, inicia también otro proceso de Paz, en su periodo presidencial entre 1998 y 2002.

El presidente Pastrana, siguiendo las orientaciones del presidente Betancur, a solicitud de los guerrilleros, determino un área territorial de miles de millas, llamada San Juan del Caguán, del tamaño de los Estados de Virginia, Maryland, y Nueva York como centro de operaciones para firmar un tratado de paz. Se formó una Comisión de Paz, la cual después de varios meses de conversaciones con los terroristas, llegó a un potencial acuerdo. Los militares y aun ambos partidos tradicionales consideraron que sería un grave error y se opusieron a la decisión presiden-cial. Los terroristas aprovecharon el periodo de tregua, que duro más de seis meses, para reorganizarse militarmente y en ausencia de las fuerzas militares, incrementaron los grupos guerrilleros de 15 a 25. Llegaron a dominar todos los Estados o Departamentos llaneros, las carreteras del país y la región del Magdalena Medio, lo que ocasionó el surgimiento de los paramilitares, que organizaron grupos de contraguerrilla, y algunos de ellos utilizando la misma metodología insurgente, de arrasar la contraparte, sin distinguir quién es quién, después de una guerra cruel de varios años, recuperaron el territorio que antes habían invadido los terroristas. El pueblo colombiano, excepto los amigos de las Farc, apoyaron a los paramilitares, aunque rechazaron los excesos en su accionar militar.

Se fijó la fecha para la firma del acuerdo. A la reunión fueron invitados negociadores internacionales de varios países, de la OEA, de las Naciones Unidas y ex presidentes de otros países. Había tal optimismo, que, inclusive el Gerente de la Bolsa de Wall Street estuvo presente e intercambió ideas de inversión internacional en una de las reuniones. El jefe máximo de la organización terrorista de apellido Marulanda, identificado con el mote de Tirofijo (Sure Shot), quien, exclusivamente concibió el proceso de paz como medio para rehabilitar sus fuerzas revolucionarias, que estaban casi aniquiladas, no asistió a la reunión final a firmar el convenio, el cual se frustró, habiendo sometido a la burla internacional al Presidente de la República.

El líder guerrillero de las Farc, un antiguo campesino analfabeto, que despreció ante el mundo entero al Presidente de la República, murió de muerte natural en el 2010, después de estar al frente de los subversivos por más de cuarenta años.

El proceso de paz del presidente Álvaro Uribe

La ley de Justicia y Paz del Gobierno del Presidente Uribe, igualmente fue rechazada por los terroristas de las Farc. Las garantías ofrecidas por la Ley 975 de Julio del 2005, por la cual "se dictan disposiciones para la reincorporación de miembros de grupos armados organizados al margen de la ley y que contribuyan de manera efectiva a la consecución de la paz nacional" fueron solamente aprovechadas por grupos pequeños de insurgentes de ambos bandos, guerrilleros y paramilitares.

Los procesos judiciales contra los guerrilleros Sonia y Simón Trinidad, de las Farc, en los Estados Unidos

La sala de audiencias de la Corte tiene cuatro puertas de ingreso, incluyendo la entrada exterior al público. Tres entradas privadas, internas, exclusivas, una para el juez y su despacho, otra para el jurado, anexa al cuarto de deliberaciones y la tercera para los sindicados, que conduce y se comunica con una sala de detención, donde descansan y toman sus alimentos durante el proceso Los fiscales, que presentan los cargos en el proceso a nombre del pueblo americano, los abogados defensores y los asistentes particulares entran por la cuarta puerta, que es para el público.

Entré a la sala de audiencia, invitado por el abogado Tom Black, Jefe del Departamento de Extradición de la Secretaría de Justicia. Cuando ingrese a la sala de audiencia No.23, en el cuarto piso de la Corte Federal en la capital de Estados Unidos, todos los actores estaban ubicados en sus sitios respectivos. Presidiendo la ceremonia, al frente de una mesa rectangular, el juez, con su toga negra y su estenógrafa. Al lado izquierdo, en sillas separadas, los sindicados y sus apoderados e intérpretes salvadoreños, con un inglés popular, sin el mínimo conocimiento de los términos jurídicos. Son tres los acusados, a quienes la justicia americana consideraba miembros activos de las Farc-Fuerzas Armadas Revolucionarias de Colombia-,vinculados con el narcotráfico internacional, dos hombres del común de los colombianos, José Antonio Celis y Juan Diego Giraldo, sin ninguna relación familiar con el suscrito, al menos que yo conozca, y Anayive Rojas, alias Comandante Sonia, una mujer pequeña, igualmente sencilla, con apariencia de estudiante universitaria, que observa sorprendida el espectáculo y con mirada abstracta divaga en el espacio, sin saber porque se le juzga en un país extraño, lejos de su lugar de origen.

El jurado de conciencia, compuesto por 12 miembros, la mayoría afroamericanos, seleccionados del Directorio Telefónico, se ubican a la derecho del juez en la plataforma de con varios niveles.

Un porcentaje alto del pueblo americano, incluyendo a los miembros del jurado, no tienen un concepto claro sobre las Farc, ni cuál es la situación de violencia que han sufrido los colombianos por décadas.

Aproximadamente, el 65 por ciento de la población de Washington es afroamericana. Este hecho demográfico se refleja también en la integración del jurado de conciencia.

La testigo clave, Rocío Álvarez

Algún observador del escaso público asistente se preguntaba, qué razones poderosas tenía la testigo clave para jugarse la vida acusando a una organización considerada altamente peligrosa.

Pero cuando comienza el interrogatorio de los fiscales y los abogados es enfática, habla segura de sí misma, sin temor acusa, mirando directamente a los ojos de los sindicados, en forma agresiva.

De las exposiciones y testimonios en un proceso judicial es muy difícil desentrañar las verdaderas causas que ocasionaron la escisión entre socios de una organización que el Gobierno considera ilegal.

Rocío Alvarez había nacido y vivido su infancia en la misma aldea donde había nacido el comandante Raúl Reyes. Es una campesina autentica. Fuerte personalidad. Había pertenecido a las Farc, como cómplice obligatoria, según su criterio. En su época infantil conoció a Raúl Reyes y aunque ambos eran vecinos del mismo pueblo, dio a entender que su nivel social era diferente.

Tiene personalidad recia. Pertenece a una familia con capacidad económica, hecho que le dio la oportunidad de hacer estudios universitarios. Al relacionar su vida desde su infancia con las actividades de las Farc habla con resentimiento y se puede deducir fácilmente que ella considera a la guerrilla como la causante de la frustración de su vida y la de su familia.

Es de público conocimiento de los colombianos que cuando la guerrilla de las Farc ataca un área rural, los habitantes nativos pierden su libertad individual, su liderazgo regional, económico y social y el control de sus bienes personales. Los ciudadanos de las regiones invadidas, solamente tienen dos opciones: o desalojan la tierra donde siempre han vivido o se quedan sometidos y subordinados a las regulaciones estipuladas por la subversión.

Las causas que indujeron a la señora Álvarez a lanzarse en esta misión peligrosa pueden ser interpretadas desde diferentes ángulos, de acuerdo con la ideología, los intereses y las concepciones subjetivas de cada uno.

Para conseguir pruebas contra los sindicados, en la investigación, la infiltración de la testigo en las Farc fue apoyada por los cuerpos de seguridad de Estados Unidos con instrumentos de comunicación tecnológicos, que incluían un jeep, casi de manufacturación electrónica.

Por otra parte, los sindicados se comportaron con dignidad y confiando en el jurado, integrado por extraños personajes, esperaron un fallo favorable.

Durante el proceso, los sindicados han sido tratados con dignidad. No tienen cadenas atadas a sus cuerpos, ni grillos que les impidan caminar, ni uniformes amarillos, como ocurría en épocas anteriores. La suerte de los acusados está en las manos de un jurado extranjero con su propia autonomía socio-cultural.

Sonia- Anayive Rojas-, siempre se presentó a las audiencias usando elegantes, vestidos de la firma Arturo Calle y mostrando distinción y buen comportamiento. Fue bien tratada por los jueces. Se le impuso una pena pequeña sanción, con derecho a ser reducida por buen manejo. El juez la condenó a pagar una pena equivalente a la mitad de las penas que se le han adjudicado a casi todos los otros sindicados colombianos por el mismo delito. Esto quiere decir que Sonia saldría libre en cinco años, es decir, debería estar gozando de su libertad en la actualidad.

A pesar de que Sonia, desde la cárcel, había rechazado enfáticamente una petición de Piedad Córdoba para una entrevista, fuerzas extrañas la obligaron a posar con la senadora, como aparece en una fotografía dada a la publicidad.

Procesos contra Simón Trinidad
(Washington, D.C., 29 de Enero del año 2007)

Por segunda vez, el jurado de conciencia de la ciudad de Washington no pudo llegar a un acuerdo para fallar el caso de Simón Trinidad, con relación a los cargos que el gobierno federal presentaba ante la justicia de este país por narcotráfico. Esto significa una absolución en forma definitiva en este caso. Esta falta de unanimidad en el veredicto estaba prevista. El jurado de conciencia, que juzga los delitos graves en Estados Unidos, está integrado por doce ciudadanos americanos y la decisión de culpable o inocente tiene que ser por unanimidad. Un solo miembro disidente del jurado bloquea la decisión final y en este caso de Simón Trinidad es la segunda vez que no ha podido ponerse de acuerdo para decidir un veredicto, lo que equivale, en la vida real, a una declaración de inocencia.

Por otra parte, los jurados de conciencia de la ciudad de Washington son muy benévolos con los sindicados de tráfico de drogas, característica cultural que favoreció a Simón Trinidad. Es muy posible que sus abogados obtengan la revocatoria de esta sentencia, ante una Corte Federal.

Trinidad no pudo saborear su libertad debido a que un jurado semejante en la misma ciudad de Washington lo había condenado por el secuestro de los tres americanos, decisión que constituyó una sorpresa, pues era imposible condenar por un delito atribuible a una organización, a uno de sus miembros que nunca participó directa ni personalmente en la comisión del hecho. De otra parte, se conjeturó, sin pruebas reales, que Simón Trinidad y Sonia rechazaron una propuesta del gobierno de Estados Unidos para ser canjeados por los tres norteamericanos secuestrados.

El paramilitar Salvatore Mancuso en cárcel de Washington

(Julio 18 – 2002)

Hay cerca de mil colombianos en las cárceles de Estados Unidos, extraditados, sindicados de tráfico internacional de droga y dentro de éstos un grupo pequeño de guerrilleros.

Cada colombiano extraditado de Colombia a Estados Unidos es detenido en las cárceles de las ciudades o Estados donde han operado, directa o indirectamente, o donde la Secretaría de Justicia considera que es conveniente y apropiado para conducir el proceso.

Seis colombianos se encontraban detenidos en la Cárcel de Rehabilitación de Washington, capital de Estados Unidos, afrontando detención por tráfico de drogas, tres de ellos ampliamente conocidos.

Salvatore Mancuso Gómez, uno de los jefes de la organización paramilitar AUC- Autodefensas de Colombia - de derecha, que surgieron originalmente para luchar contra los terroristas de las Farc. Ambas organizaciones buscan recursos económicos en el tráfico de droga hacia Estados Unidos y Europa para poder mantener el costo de la guerra entre estos movimientos extremistas.

Rodrigo Tovar Pupo, igualmente miembro de la organización de AUC o paramilitar, que operaba en la costa norte de Colombia, sindicado de innumerables homicidios cometidos en y fuera de combate fue contratado para proteger y defender compañías americanas contra los ataques de los terroristas de las Farc, según se desprende de las investigaciones.

Juan Carlos Sierra Ramírez, otro de las AUC, o paramilitar, es sindicado de los mimos cargos de tráfico internacional de cocaína a través de Nicaragua y otros países de Centro América.

Estos y otros procesados colombianos estaban detenidos en el Centro de Detención de Rehabilitación de la ciudad de Washington D.C., conocido como District Correctional Treatment Facility.

Este centro está ubicado en un sector residencial y los detenidos tienen derecho a la visita de familiares, a realizar investigaciones jurídicas en la biblioteca, a usar computadores portátiles y tener servicio individual de salud.

Devon Brown, director del Departamento de Correcciones de Washington, a pesar de que reconoce el ejemplar comportamiento de los colombianos en la institución penal, solicitó la remoción y el traslado de los colombianos a la cárcel federal en la misma ciudad.

La audiencia se verificó ante un juez con fecha 18 de Junio del 2009. Los fundamentos del peticionario estaban fuera de contexto. Alegaba que debido al poder económico de los detenidos colombianos existía la posibilidad de evasión y esto constituía inseguridad para la comunidad vecina al centro de detención. Además, consideraba que en el mismo establecimiento hay otros 50 detenidos por tráfico de drogas, nativos de esta ciudad, que podrían ser una conexión con los colombianos.

El juez Royce Lamberth, de la Corte distrital federal, con fecha 24 de Junio, resolvió la petición y dispuso el traslado de los colombianos de la cárcel de rehabilitación de la ciudad, que es subvencionada por la nación, a la cárcel federal. El Juez comentó que los detenidos tienen allí los mismos derechos.

Uno de los familiares de los detenidos sospechaba que pudo haber influencia política procedente de Colombia, para que se haya solicitado ese traslado de detenidos, en forma sorpresiva. Infortunadamente, en la capital de Estados Unidos casi todo se mueve a través del lobismo.

Extradition history with Colombia

The United States and Colombia signed an extradition treaty on September 14, 1979, and the treaty entered into force on March 4, 1982. From 1982 through 1986, the Colombian government extradited a number of Colombian drug traffickers and other fugitives to the United States, pursuant to the treaty. The Colombian Supreme Court ruled in 1986, however, that the Colombian legislation that brought the treaty into force was invalid. (The United States considers the treaty to be in force, and to remain legally binding as a matter of international law on both parties.) From 1986 through 1990, Colombia continued to extradite fugitives to the United States pursuant to executive decree. In July 1991, however, a new Colombian Constitution entered into force, expressly prohibiting, in Article 35, the extradition of persons who were Colombian nationals by birth. The extradition of non-Colombians continued pursuant to Colombian domestic law. On December 17, 1997, Colombia enacted a constitutional amendment changing Article 35 to allow for the extradition of nationals for crimes committed after that date. An accompanying amendment to the criminal code was also made to the same effect. Extradition from Colombia to the United States now takes place under Colombian domestic extradition law, as amended.

Una periodista estadounidense durmió en la cama de Tirofijo

(Junio 15-2008)

Es verdaderamente emocionante el recuento de las experiencias de Mary Anastasia O"Grady, periodista del Wall Street Journal, en su viaje a Casanare, Colombia, en el gobierno de Uribe.

Llama la atención saber por intermedio de una importante escritora norteamericana del Wall Street Journal que en la región ganadera del Casanare, en el gobierno del presidente Uribe, se podía dormir sin miedo a los ataques sorpresivo de los bandidos, y que los ganaderos tenían libertad de movimiento, derechos inalienables que fueron coartados a sus habitantes por muchos años por los guerrilleros de las Farc.

Anastasia durmió en la misma cama de una cabaña donde dormía Tirofijo, cuando los guerrilleros controlaban el Casanare. Describe el atardecer y el amanecer en la región donde paso varios días, como un lugar de fantasía, similar a las mil y una noches. Al amanecer, sentada en un banquillo de guadua, en el quicio del rancho, ve el sol naciente tan cerca que da la impresión de que puede tocarlo con las manos. En la tarde, observa desde el pórtico de la casa, cómo las brisas de la lluvia del atardecer caen como perlas transparentes y las hojas verdes de los árboles que duermen durante el día se levantan en la noche. Los rayos verticales luminosos que subsiguen a los sonidos de los truenos de las tormentas son espectaculares para Mary Anastasia, pero no causan miedo porque los árboles en las lejanías sirven de pararrayos.

En su viaje escuchó a los unos y a los otros. Cuenta que el tema de seguridad era el plato del día. Todos los testimonios coinciden en el cambio radical, gracias al presidente Uribe. Del terror, a la paz y la tranquilidad.

Dice que en la sabana, como se define la parte plana de los llanos, "hay criaderos de ganado Brahmán, se explora el petróleo y aun se puede pescar". Recuerda la muerte de varios americanos, misioneros, ocasionada por manos de los criminales.

Los habitantes le contaron que los terroristas controlaban los nacimientos de los niños, "determinaban quien podía contraer matrimonio" y ejercían el sistema de "vacuna fiscal", que consistía en un impuesto obligatorio a los ciudadanos, y como decía la escritora Georgie Anne Geyer, el no pago era castigado con la pena de muerte.

Los vecinos elogiaban a los paramilitares. Para ellos, fueron unos "héroes vigilantes", que se enfrentaron a las Farc en una guerra violenta y los hicieron retroceder. Agregan que los paramilitares perdieron el apoyo, cuando se envolvieron con el "tráfico de la droga para comprar armas".

Critica a la Presidente de la Cámara, Nancy Pelosi, por negarse a aprobar el Tratado de Libre Comercio entre Colombia y Estados Unidos. El caballo de batalla para algunos congresistas de Estados Unidos es la inseguridad de los líderes sindicales. Comenta que no es justo ni razonable el argumento porque el "porcentaje de los ataques a los sindicalistas ha disminuido un 87% durante los últimos años del gobierno del presidente Uribe".

Mary Anastasia termina su comentario con las siguientes palabras:

"La paz en Colombia es la más grande noticia para todos los colombianos, excepto para quienes apoyan a la señora Pelosi en Colombia, muchos de ellos simpatizantes de las Farc, que esperan que mañana se produzca un nuevo orden". (Wall Street Journal. Junio 9-2008).

Mi participación en los procesos de paz

En mi condición de Secretario General del SENA participe en muchos diálogos de paz durante el gobierno del presidente Betancur.

Concentración sobre la paz en Neiva. El gobierno del presidente Betancur suspendió toda acción militar y policiva contra los subversivos a nivel nacional. En la ciudad de Neiva, capital del departamento del Huila, se celebraron concentraciones de paz entre el gobierno y los alzados en armas.

En la asamblea nacional de Neiva, los guerrilleros se alojaron en el hotel Plaza, ubicado en un costado del parque principal de la ciudad, conjuntamente con los comisionados de paz y controlaron el orden públicos por varias semanas ante el acuartelamiento de la policía, ordenado por el gobierno.

Mi función como secretario General del SENA era presentar a las guerrillas un plan de educación técnica media, incluyendo la construcción de edificaciones que sirvieran como centros de instrucción y, a la vez, como centro de actividad social y familiar.

Los programas ofrecidos por el SENA, se ejecutaron en su mayoría con la colaboración conjunta de la guerrilla y los campesinos. Alcanzamos a construir más de 100 edificaciones en el país, durante el tiempo que ejercí el cargo de Secretario General en un corto periodo.

A cada centro se le suministraron televisores con entradas para videos pedagógicos e instructores técnicos preparaban líderes residentes en cada región, los que posteriormente dirigirían las etapas de cada programa, como educación clásica, electricidad, panadería, costura, sistemas técnicos agrícolas, entre otros.

El presidente Barco Vargas, quien reemplazó al presidente Betancur, eliminó el programa, aduciendo que tenía origen comunista.

Vereda Balsillas, en El Huila, con Timochenko

Otro dialogo se realizó en una vereda, en la montaña, posiblemente Balsillas, en el Departamento del Huila, ubicada a 50 millas de Neiva.

Con el fin de demostrarle al país que confiábamos en la buena fe de la guerrilla y que realmente estábamos buscando la paz, viaje con mis dos hijos menores de edad, John y Carlos, en 1985.

El viaje estuvo lleno de misterio, de sorpresas y de miedo. Cuando celebrábamos la ceremonia de inauguración de uno de los Centro de Educación Tecnológica en una población del Huila, en un salón repleto de asistentes, mas cien, pude evadir la vigilancia de los oficiales de Policía que nos protegían, y siguiendo las instrucciones de un joven estudiante guerrillero, salimos del salón por una puerta trasera y penetramos a un jeep, que se encontraba estacionado con el motor encendido en la parte posterior de la edificación. El jeep arrancó a toda velocidad. La policía estaba preocupada por nuestra ausencia, pero alguien informo que nos encontrábamos en otra reunión en la ciudad. El jep no tomó rumbo inicialmente. Dio varias vueltas y finalmente tomamos una vía desconocida, con dirección a la montaña por un camino donde el jeep escasamente podía circular. El miedo de un enfrentamiento con la policía o el ejército era una preocupación permanente. La policía no estaba informada de los planes.

Mi pregunta fue elemental. Donde están mis niños. El conductor respondió. Van adelante en otro jeep, están seguros. El viaje duro varias horas. En lo alto de la montaña nos apeamos y comenzamos a caminar. Llovía. Los caminos de herradura, llenos de barro. Los guerrilleros nos suministraron botas de caucho a la rodilla y ruanas de plástico con capucha. Caminamos aproximadamente cinco horas. Llegamos al sitio y había un grupo de aproximadamente veinte jóvenes guerrilleros. La reunión formal no comenzaba y ya era de noche. Los guerrilleros esperaban un jefe que presidiría la reunión. Charlamos informalmente, escuchando historias y esperando a la persona que abriría las conversaciones formalmente.

Cuando charlábamos en la cabaña hechiza, sin paredes, esperando al jefe, alguien trajo la noticia de que la corriente del rio, que pasaba cerca de la cabaña, medio estratégico para huir en caso de que las Fuerzas Armadas nos atacaran, se había llevado a Carlos, mi hijo menor, cuando jugaba y se bañaba con otros niños, hijos de guerrilleros. Varios de los asistentes lo rescataron, cuando se encontraba sentado en una piedra, a la orilla del rio, en sitio distante del lugar de la reunión. El hijo mayor, Joseph, paseaba y charlaba con una joven guerrillera de 13 años, quien estaba encargada de custodiarlo y quien portaba una metralleta sobre el hombro derecho, cuyo peso inclinaba su cuerpecito permanentemente.

Según informaciones de las Farc, semanas después de la reunión, esa niña inocente, que seguramente vivía en la ciudad parte de su vida, fue muerta cuando estaba saboreando un helado, sentada en una de las bancas del parque central de Neiva. Seguramente, algún infiltrado en la reunión o un miembro celoso la había denunciado como miembro activo de las guerrillas.

Timochenko preside reunión sobre la paz

La reunión no empezaba. Esperaban un líder de alto mando que presidiría la reunión. Llovía a cantaros. Uno de los jóvenes mostraba una culebra y decía que era su mascota. Un mico diminuto, que brincaba sobre sus hombros, era el compañero de otro guerrillero. Otros contaban sus historias de estudiantes en la ciudad antes de trasladarse a las montañas.

Alguien dijo que el jefe, quien venía de Medellín, estaba próximo a llegar para presidir la reunión. De pronto, otro guerrillero informó que había llegado el doctor Londoño.

Un hombre joven, con aspecto europeo, sencillo, con pronunciación marcadamente antioqueña, hizo su exposición, criticó a los partidos políticos tradicionales, a la organización social del país, explicó las causas que habían llevado a las Farc a formar su movimiento rebelde, intercambiamos ideas directamente, y los miembros de la comisión le transmitimos los planes del gobierno de concederles amnistía e indulto, según las circunstancias, los beneficios y planes que les ofrecía el gobierno del presidente Betancur y los planes del Sena. Después que se disolvió la reunión formal, Londoño desapareció en la obscuridad de la noche. La comisión pernoctó en la cabaña y regresamos a la ciudad en la misma forma que habíamos llegado, al amanecer del día siguiente. En esa época, Londoño no era un activo participante en la guerrilla. Era más un ideólogo que residía y gozaba de la tranquilidad agradable del medio ambiente social de los antioqueños.

Parece que el doctor Londoño que conoci hace 25 años en el Huila es el mismo timochenko que dirige las Farc en la actualidad.

Diálogo en Córdoba. La comisión visito también varios grupos guerrilleros en la Costa Atlántica. Había líneas divisorias entre las aéreas dominadas por la guerrilla y las que aun controlaba la policía o el ejército. Las autoridades militares respetaban las aéreas controladas por las guerrilla. Una cerca de alambre servía de límite en muchas regiones y la policía y los guerrilleros se comunicaban amigablemente a través de las alambradas.

El principal instrumento político que exhibían los guerrilleros para luchar en la costa eran los establos.

Los establos, en las fincas de los narcotraficantes, estaban construidos con paredes de vidrio macizo, tenían calefacción y agua filtrada. Al contrario, los campesinos residían en chozas y tomaban el agua de los caños. Infortunadamente, el ejemplo que mostraban a la Comisión, causa por la cual "luchaban contra las oligarquías capitalistas" era impresionantemente cierto, aunque no era generalizada.

La propuesta de paz del presidente Santos

El proceso de paz del presidente colombiano Juan Manuel Santos con las Farc es ilógico.

Los tratados de paz se hacen entre dos partes; una triunfante y otra en derrota. En la propuesta presidencial, las Farc forman la parte triunfante y Colombia la que estaría camino de la sumisión.

Es muy simple. El presidente Santos está aceptando indirectamente las orientaciones políticas de los enemigos de Colombia, como son los gobiernos de Venezuela, Ecuador y Cuba, de tendencia socialista, simpatizantes de las Farc.

Los tratados de paz en Colombia no han llegado a ninguna parte. El que se vislumbra con Santos concluirá también en otra frustración y, además, conlleva mayor peligrosidad para la soberanía nacional que los anteriores, pues detrás de las Farc están "los bolivarianos" antes mencionados, que no buscan la pacificación del país, sino ampliar su poder a nivel suramericano.

Este proceso de paz del gobierno Santos hará que las Farc tomen un nuevo aire y se fortalezcan, como ya se está viendo, ante la mirada atónita del pueblo colombiano.

Obama contra los tratados de paz

El criterio del presidente Obama, en Oslo, ratificó lo que ha pasado en Colombia con los convenios de paz.

Los pactos de paz con terroristas son inoperantes. Colombia como Estados Unidos en Afganistán, debe usar la fuerza militar para defender el país del terrorismo internacional.

En su discurso en Oslo, al recibir el Premio Nobel de la Paz, el presidente Obama dijo: "I face the World as it is, I can not stand idle in the face of treat to the American People. For make no mistake: Evil does exist in the world. A nonviolent movement could not have halted Hitler's armies. Negotiations cannot convince al-Qaeda's leader to lay down their arms". That military force is justified to confront evil o stop organized human depravity".

"Yo enfrento el mundo como es. No puedo permanecer indiferente ante una amenaza al pueblo americano. Para no equivocarme: maldad existe en el mundo. Un movimiento de paz no hubiera podido frenar los ejércitos de Hitler. Negociaciones de paz no convencen a los líderes de Al-Qaeda de deponer las armas. Esa fuerza militar (en Afganistán) se justifica para enfrentar al demonio, o parar esa organización humana perversa".

Esta doctrina extraordinarias del presidente de los Estados Unidos con relación a los terroristas internacionales encaja perfectamente en la situación de guerra que vive la República de Colombia y coincide con el derecho inalienable que el presidente Álvaro Uribe tuvo para defender al país de las Farc, organización al margen de la ley que ha sido el principal obstáculo para su desarrollo económico y social.

Hasta aquí una mirada a Colombia desde Washington, donde el autor de este libro estudió y ha vivido por más de 20 años.

Epílogo

El 6 de Noviembre de 2012, Estados Unidos realiza elecciones presidenciales.

Esta es una oportunidad para que el pueblo americano retome su camino.

Ese día decidirá si vota por un candidato que proteja la propiedad privada, la libre expresión, el libre mercado y los valores tradicionales de esta gran nación, como el matrimonio entre un hombre y una mujer, o prefiere un mandatario que reniegue de sus tradiciones ancestrales y siga socavando su estructura económica, política, moral y religiosa.

En mi condición de ciudadano nacionalizado, hago uso de las garantías constitucionales que me ofrece la Enmienda Primera para expresar mis ideas como persona y como analista de prensa.
Dios nos ilumine el camino, la verdad y la vida.
Es tiempo de profundas reflexiones y de grandes decisiones.

Bernardo Vargas G.
Washington D.C., Agosto 2012